快速转行做
产品经理

李三科 著

华中科技大学出版社
中国·武汉

内容简介

本书作者 2011 年离开传统销售行业进入互联网行业工作,从对产品经理的工作一无所知,到成长为一名年薪几十万的资深产品经理,他对产品经理职业有着深刻的理解,也积累了丰富的学习、工作经验。本书以作者亲身经历为线索,讲解学习产品经理相关知识和工作方法的经验,同时介绍求职技巧,尤其适合想转行做产品经理的人士阅读学习。

图书在版编目(CIP)数据

快速转行做产品经理/李三科著. —武汉:华中科技大学出版社,2018.6
ISBN 978-7-5680-4159-1

Ⅰ. ①快…
Ⅱ. ①李…
Ⅲ. ①电子商务–企业管理–产品管理
Ⅳ. ①F713.36

中国版本图书馆 CIP 数据核字(2018)第 101099 号

快速转行做产品经理
Kuaisu Zhuanhang Zuo Chanpin Jingli

作　　者:	李三科
策划编辑: 徐定翔	责任校对: 张　琳
责任编辑: 徐定翔	责任监印: 周治超

出版发行: 华中科技大学出版社(中国•武汉)　电话: (027)81321913
　　　　　武汉市东湖新技术开发区华工科技园　邮编: 430223
录　　排: 华中科技大学惠友文印中心
印　　刷: 湖北新华印务有限公司
开　　本: 880mm×1230mm　1/32
印　　张: 6.75
字　　数: 120 千字
版　　次: 2018 年 6 月第 1 版第 1 次印刷
定　　价: 39.90 元

版权所有　侵权必究
本书若有印装质量问题,请向出版社营销中心调换
全国免费服务热线 400-6679-118 竭诚为您服务

谨以此书献给我的父亲

目 录
Table of Contents

序 1
第一章　我转行做产品经理的故事 5
  我为什么要转行做产品经理 6
  决定转行后，我做的第一件事情 12
  去哪里学习产品经理知识 14
  学 Axure 和 MindManager 17
  自学其他技能 20
  QQ 群和产品沙龙活动 23
  看产品管理的书 27
  第一次记录有关产品的思考 29
  有针对性地写竞品分析 34
  继续写竞品分析 40
  成为产品经理 42
  帮助其他人成为产品经理 45

第二章　如何快速转行做产品经理 49
　　明确转行的目的 52
　　掌握产品经理的最少必要知识 55
　　结合自身优势，有针对性地选择公司 60
　　有针对性地撰写简历和准备资料 64
　　找到最合适的简历投递渠道 69
　　每一次面试都是一次学习 71
　　重复、坚持和耐心 74
第三章　一个完整的产品案例 77
　　发现需求 79
　　寻找目标用户 82
　　需求调研 86
　　用户访谈流程 89
　　用户画像 92
　　竞品分析 98
　　梳理功能 106
　　绘制流程图 112
　　产品原型 117
　　产品需求文档 127
　　需求评审 132
　　项目管理 137
　　测试、验收和上线 141

版本迭代 147

第四章　转行路上，这 21 个坑不要踩 153

　随大流 154

　无休止地看网上的文章 157

　一本接一本地看产品书 159

　相信碎片化的知识点 162

　问别人自己适不适合做产品经理 164

　冒牌的培训老师 166

　产品经理要懂技术 169

　会 Axure 就能当产品经理 171

　必须掌握所有技能才能找到工作 173

　做产品经理改变世界 175

　产品经理门槛低，没有核心竞争力 177

　闭门造车 179

　固守老习惯 181

　放弃过去的积累 183

　假想需求 186

　格式化的竞品分析 188

　毫无准备地投简历 190

　轻易放弃 192

　包装简历（做假） 194

　迷恋高工资 196

有人要我，我就去 197
附录 竞品分析示例 199
  1. 项目背景 200
  2. 竞品概述 200
  3. 功能对比 201
  4. 总结 207

序

我当年进入产品经理这行特别不容易。2011年,我还在聚美优品做运营,一心想转行做产品经理,先后打了三次转岗申请,均被产品副总裁戴雨森拒绝。最后一次,戴总也是一片好意,他说当时全公司只有两个产品经理,这两个产品经理也才刚开始做,经验不够丰富,让我再等一段时间,等公司来了资深的产品经理后,再考虑带我。

我那段时间特别苦恼,不知道资深的产品经理什么时候来,想做产品经理而不能,又不知道该如何做准备。

那时网上关于产品经理的文章比较少,仅有的一个产品经理社区,上面的内容写得也很零散。一时之间,关于怎么转行做产品经理,我一点主意也没有,看网上的文章越看越苦恼。

我索性买了几本有关产品经理的书,却发现这些书都是写给在职的产品经理看的,教他们如何提高工作能力,讲的更多的是如何转换思维。我由于缺乏实际的产品经理工作经验,所以看得云里雾里，看完没多久就忘得一干二净了。

有一天，我偶然得知想做产品经理可以先从写竞品分析入手，于是就挑了一些自己感兴趣的产品，一个接一个地写竞品分析，每写完一篇，就在微博上找到该公司的CEO，把文章发给对方看。

我就这样坚持写，没想到还挺奏效的，先后去了好几家公司面试。优酷的产品面试官告诉我，古永锵看了我写的文章，觉得挺有意思，还在他们公司内部群发邮件向大家推荐了这篇文章；我写了一篇分析旅游网站的文章后，马蜂窝的CEO陈罡约见了我……

我去这些公司面试，基本上见到了关键人物，但最终还是没有拿到正式的offer。这样又过了3个多月，到2012年初，我的一篇文章被智联招聘当时的CEO郭盛看到了，他安排人面试了我。恰好智联招聘那时和阿里巴巴有一个合作项目，缺一个产品经理，就这样，经过几轮面试后，我拿到了第一个产品经理的offer。

也许因为自己起点不高，转行的路又异常艰难，所以我格外珍惜这份工作。像很多产品经理一样，做了两三年后，我也遇到了自己的职业瓶颈。有一段时间，身边有不少产品经理转行，有去做投资的，有去做运营的，也有转行做传统行业的。那段时间我也有点动摇，论好奇心自己比不上刚入职的90后，体力和脑力也都不再有优势，一时之间迷失了方向。幸好几经周折，最后坚持了下来，在可预见的未来，应该会一直坚持下去。

业余时间，我一直在坚持写东西，写作于我最大的价值是：记录成长轨迹，认识有趣的人。

从2011年开始，我在博客上陆续写了一些关于产品经理的文章，慢慢地读者也多了起来。经常有读者问我："我想做产品经理，请问如何入行？"

做产品经理的人会习惯性地用产品思维来思考问题，我也想用产品思维来解决这方面的需求：

如何才能快速转行做产品经理？

如何让面试官对你的简历感兴趣，给你一个面试机会？

如何高效学习产品经理知识？

2017年9月，我在"在行"上开通了个人主页。我原本打算讲如何学习产品经理知识，却发现大家的目标很明确：想快速转行做产品经理。

付费约我的人比预期多得多，这是我以前没想到的。同时，我也发现了大家想做产品经理的迫切愿望，这些人当中许多是已经工作了的，比学生多得多。

向大家传授经验的同时，我也在反思自己的方法是不是靠谱，还有没有优化空间？我把每一次约见，都看成一次用户访谈，收集他们在转行路上想了解的内容、遇到的问题和踩过的坑。

通过不断的调整，我这套方法总算见到了效果，不少人在践行了我的建议后拿到了产品经理的 offer。

为了检验自己的方法是否有效，我还开了一个小班，指导五位普通高校的大学生。最后，他们分别去了滴滴出行、京东、YY 语音、大疆创新做产品经理。

这些成果对我的鼓舞和触动很大。为了帮助更多想转行做产品经理的人，我决定写一本书，希望能够让大家在产品经理的求职路上少走弯路。

第一章
我转行做产品经理的故事

我从销售转行做产品经理,这个转型有点大,持续的时间也比较久,前后花了五个多月,学了很多知识,做了很多尝试,也走了很多弯路,踩了很多坑。本章将回顾我转行路上的心路历程,经历的挣扎、努力、思考,希望对大家有所帮助。同时,我也回顾了帮助一百多人成功转行成为产品经理的经历,以及写这本书的原因。

我为什么要转行做产品经理

2011年6月,因为实在不喜欢做销售工作——厌倦了几乎每天都要工作到凌晨,也厌倦了一周有一半的时间要陪客户喝酒的生活——在经历了三个月的犹豫和纠结后,我辞去了干了两年的阿里巴巴中国供应商客户经理的工作,告别了我毕业后的第一份工作。

辞职后,我来到北京寻找工作。我想自己做电商的工作经验也许有点用,就把当时知名的电商公司都列出来,一家一家地投递简历。在北京的半个月时间里,我投递简历到很多家公司,可当时比较知名的B2C电商公司几乎不需要销售。我参加了三家公司的面试,没有一家愿意要我,我只好灰溜溜地回到浙江。

回到浙江的第二天,我接到乐淘的面试通知。我二话没说就定了第二天的飞机,再次回到北京。临走的时候,我特地带上了秋天的衣服,我对女友说:"如果这次我在北京还找不到工作的话,我就不回来了。"

事情并没有因为我的勇气而有好的结果,乐淘的面试结果并不理想,HR 拒绝我的原因很简单:我没有任何零售市场工作的经验,而公司并不需要一个面向大客户的销售。就这样,我拖着行李,在北京东三环的兆龙青年旅社住下了。

我不知道要去哪里,也不知道该往哪家公司投简历(当时排名前二十的电商公司我都投过了简历)。无助的时候,我就去坐北京地铁,10 号线的人非常多,看着川流不息的人群,我特别希望能像他们一样忙忙碌碌。

一次在地铁里,我看到了聚美优品的广告,帅气的 CEO 陈欧和那句触动人心的"我为自己代言"打动了我。我想投简历去试试吧,就在微博上找到聚美优品的副总裁戴雨森(毕业于清华大学工业工程系,后来去斯坦福读硕士,在百度、谷歌等公司有过用户体验相关的工作经验)的邮箱,把简历投了过去,很快就得到了戴总的回复。

可惜还是被拒绝了。没办法,我虽然在招聘网站上看到聚美优品在招营销网站联盟推广人员，但我完全不知道这个工作的具体内容是什么。我还是不甘心，开始琢磨聚美优品想要什么样的人，我自己又有哪些条件比较符合。

上大学的时候，我组织过社团活动，接触过很多商业公司和教育培训机构，我知道大学生是很好的商业资源，那么聚美优品需要大学生资源吗？可能是需要的，那么他们现在有没有做这方面的工作呢？我翻遍了聚美优品公司几位高管的微博，发现他们都没有提到这一块儿，于是我就主动写了一份详细的校园推广计划，决定主动上门碰碰运气。

说来也巧，那天我去聚美优品，刚好在前台碰到要出门的陈欧，我赶紧递上我的简历和一份详细的校园推广计划，大概跟陈欧聊了三分钟，他觉得还可以，就让一个经理跟我又聊了一下。

后来 HR 找我谈薪资，问我的预期。我以前在阿里巴巴月薪一万多，这次因为是急切想找工作，所以没有提要求，表示愿意服从公司的安排。HR 说她跟主管商量一下，晚上给我打电话。她们商量的结果是月薪 4000 元。我说能不能提高到 5000 元。

HR说稍等,我帮你跟主管申请一下,最后她说只能给到4500元,不能再高了。我接受了。

就这样,我成了聚美优品的一员。2011年7月24日入职,职务是商务主管,工作是在北京的高校试点推广聚美优品的优惠券。

我进了聚美优品,真是太奇妙了!当时公司总共不到一百人,一天的销售额可以达到几十万元,竟然没有一个销售人员,这是我完全无法理解的事情。没有销售,谁来卖东西呢?顾客又从哪里来呢?

带着这样的好奇心,我中午找同事一块吃饭,了解他们都在干什么,为什么要做这些事情。大概花了一个多月的时间,我才搞清楚公司是怎么运转的、怎么进货卖货、怎么通过网络获取用户。

那时我还保留着在阿里巴巴工作时养成的习惯,每周六都去公司加班。周末去公司加班的只有公司的产品部门和技术部门的同事,我就和他们一起吃饭,下班后一起打游戏。

时间久了,我发现聚美优品最核心的人物是两位产品经理:范忧和朱超。范忧负责前台产品,朱超负责后台产品。范老师策划一个线上活动,就能让公司的销售额翻一倍,简直太厉害了,一天的销售额比我以前在阿里巴巴一年辛苦拉来的销售额还高。从那时起,我对产品经理这个职位充满了深深的向往。

我刚开始玩微博时,关注了李开复老师。2011年10月4日,李开复老师发了一条有关产品经理的微博,他在微博里写道:

什么职位是未来创业做CEO最好的"预科"?我的回答是产品经理,因为产品经理扮演着产品、技术、市场、客户、运营、设计中的核心角色。建议那些有意成为CEO的同学,如果先就业(无论是在大公司还是在创业公司),可以考虑走产品经理这条路。

这条微博深深地触动了我,创业一直是我内心深处想做的事情,我心想:既然互联网领域最适合创业的职位是产品经理,反正我以后打算创业,那就朝着产品经理这个职位进发吧。

除此以外，当时我的工资确实少得可怜。我住在北四环约1.5米宽的隔断间里，一个月还要付800元租金，生活几乎难以为继。我在网上看到产品经理是互联网行业里工资最高的，比程序员、设计师、运营人员、市场营销人员的工资都高，平均月薪在两万元以上。我就想，如果我一个月的工资能拿到两万元，那该多好啊！我就可以大大方方地邀请女友来北京，租一个次卧了。

我当时对产品经理的印象有三点：

1.产品经理是互联网公司最核心、最关键的岗位。

2.李开复说产品经理是最有可能成为CEO的那个人。

3.产品经理的工资是所有互联网职业里最高的。

了解了这三点之后，我就下定决心要转行了。

 小提示

请思考促使你转行做产品经理的三个原因是什么。

决定转行后，我做的第一件事情

下定决心转行后，我首先找到聚美优品的产品副总裁戴雨森，说明了我希望做产品经理的愿望。但是戴总非常委婉地拒绝了我，因为他觉得我一点产品经理的工作经验都没有，应该先花时间学习产品经理的知识，了解产品经理的工作内容，再看看自己是否真的喜欢这个工作。

多年后，每当我回想起那次跟戴总的对话，都觉得自己简直笨得要死，怎么可以这么傻呢？自己一点有关产品经理的知识都不知道，就这样贸然请求转岗，换成是我，我也会拒绝的。

这倒给我上了一课，那就是应该先学习一些有关产品经理的知识，了解产品经理的工作内容，了解产品经理需要具备什么技能，看看自己到底适不适合做这一行，是不是真的喜欢。

当时公司里有产品经理，我大概知道他们的工作情况，所以可以直接申请转岗。"在行"上很多约我的学员（如传统行业的销售、建筑师、健身教练、客服、文员等）完全没有接触过产品经理。这些人没有做任何前期准备，就贸然投递简历，后来发现投了很多次简历，一个 offer 都没有收到，就以为自己不是这块料，轻易放弃了，这是最不可取的。

 小提示

转行不是说转就能转的，要考虑当下的形势和自身的条件，否则很可能碰壁。决定转行做产品经理后，你应该问自己一个问题：要做哪些准备才有可能拿到 offer。

去哪里学习产品经理知识

按照戴总的建议,我决定先**学习产品经理知识,了解产品经理的工作内容**。从哪里入手呢?我首先想到的是向有经验的产品经理"取经"。我找到公司的产品经理范老师,向他请教有哪些途径来学习产品经理知识,了解工作内容。

范老师是聚美优品最早的产品经理之一,人非常好。那段时间,每到吃饭的点,我就去找范老师一起进餐,向他请教如何学习产品经理知识。饭后,我还会在记事本上记下范老师的建议。这里摘抄几条我当时的记录:

2011.09.15

1. 做产品经理首先逻辑要清晰,思维要缜密,要能够清楚的表达一个方案的逻辑。你提出一个产品方案,要尽可能地考虑周到,把每一种极端的情况都考虑进去,这样你的方案才不至于老被技术部门的同事质疑。

2. 最好有技术背景，最起码要懂一点技术的实现原理。这方面知识可以自学，多跟技术部门的同事吃饭，多请教他们，听他们聊什么，不懂就问，慢慢就会积累起来。

3. 要有好奇心，对市面上的新东西保持好奇。比如最近流行的电影、最近流行的手机应用等，多去体验，多去想想为什么会流行起来。

2011.09.16

1. 有目标地研究一些产品，看看目标用户对产品的评价如何，可以先去微博上看大家的评价，去相关的QQ群里看别人都怎么说，再结合自己的使用体会，找出不同点。这样可以锻炼自己对产品的理解能力。

2. 还有一种方法，梳理某个网站、App的产品功能图，看都有哪些功能，是怎么设计的，可以试着使用思维导图软件。

2011.09.20

1.国内有一个讲用户体验的社区 ucdchina.com，很不错，都是一些行业内比较资深的产品经理写的东西，可以多去看看。

2. 可以试着写写竞品分析，把几个产品放到一起对比，或者把同一个功能的几个设计方案放在一起对比，这样有助于提升自己的产品设计能力。等自己设计时，思路就会比较开阔。

2011.09.23

1. pmcaff.com 产品经理社区很不错，可以去那里提问。

……

在范老师的指导下，我很快就知道了该去哪里学习各类产品经理知识。如果你身边也有这样的一位产品经理，你不妨多向他请教，这样可以少走很多弯路。

对那些想转行做产品经理的朋友，我一般会建议他们先向自己公司的产品经理了解转行需要什么技能，一边工作，一边学习。如果公司内部有转岗的机会，可以申请在公司内部进行转岗，这样可以大大降低转行的难度。

💡 小提示

如果有条件，向身边的产品经理咨询是获取信息最快的方法。

学 Axure 和 MindManager

自学一段时间后，我获得了一个印象：做产品经理必须画原型，必须学 Axure。于是我就下载安装了 Axure。当时也没有人教我，全凭自己摸索。我逐一试了 Axure 的菜单功能，拖动控件，发现挺简单的，就是不知道要用这个工具做什么。

我又上网搜索有关 Axure 的文章，才知道学习 Axure 最好的方法是照猫画虎——找已有的产品，把它们临摹一遍，比如临摹苹果和安卓手机上最常用的几个原生 App，把每个原生 App 的所有页面都画出来。有了这个基础后，再临摹市面上最常用的 5 个 App，也把所有页面都画出来。做完这些，Axure 的用法就掌握得差不多了。在面试的时候，你可以很自信地对面试官说：我可以熟练地使用 Axure 完成日常的产品设计工作。

我就这样折腾了两三周，基本上掌握了 Axure 的用法，虽然还是不会用它来设计产品，但是用它画原型已经不成问题了。我很得意，后来面试时就盼着面试官问我是否会用 Axure 的问题，可奇怪的是一次也没遇到。有一次我实在没忍住，问面试官："您觉得熟练使用 Axure，在面试中能加多少分？"面试官看着我说："会使用 Axure 就像会使用 Word 一样，你觉得会使用 Word 在面试中能加多少分？"

我这才恍然大悟，原来 Axure 只是个工具，自学也没什么门槛（只要做过具体的项目，就能学会），会用它只是产品经理的基本功，并非一个产品经理的核心竞争力。难怪面试时没人问我这个问题。后来，我就再也没有继续花时间学 Axure 了。

在学习 Axure 的同时，我又发现 pmcaff.com 上经常有人发一些很漂亮的"功能分拆图"，把产品的功能有条理地梳理出来，思路清晰，一目了然！我就四处打听，这是什么东西？别人告诉我，这是思维导图，主要用来梳理和记录思路，也可以用来梳理产品功能。对方还告诉我，会画思维导图也是产品经理的必备技能之一。

既然是必备技能，我也要学。我马上下载了画思维导图的软件 MindManager。我看别人都在分析一个个的 App，我也挑了一个 App，打算动手梳理，却不知道该怎么排布。学思维导图也花了我不少时间。

现在回忆起来,当时之所以拼命想学 MindManager,主要还是因为内心焦虑,担心自己不会用这些工具,就找不到产品经理的工作。

很久后我才明白,画产品原型也好,画思维导图也好,虽然它们都是产品经理必备的基本技能,却不是核心竞争力,找工作时,你只要掌握这些工具的基本用法就行,没必要花大量的时间在上面。

💡 **小提示**

掌握 Axure 和 MindManager 并非转行做产品经理的核心竞争力,学会基本操作就行,不要在这上面浪费太多精力。

自学其他技能

后来我在网上找到了一张产品经理必须掌握的技能图（见图1.1）。这张图里除了 Axure 和 MindManager，还有写文档用的 Word、PDF、PPT；画原型需要用到的 Visio；交互设计会用到的 HTML5、CSS3、Photoshop；项目管理会用到的 SVC、PM Software，等等。

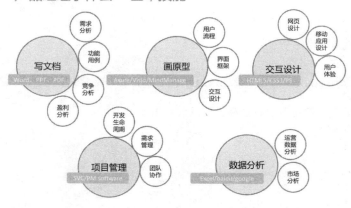

图 1.1　网上的产品经理必须掌握的技能图

看到这张图后，我兴奋得不行，特地把这张图打印出来，贴到我那小小隔断间的墙上，心想要是学会了这些工具，我就能找到产品经理的工作了。

后来的日子，我花了不少时间把这张图里的工具都逐一摸索了一遍，遇到不懂的地方，就去问范老师，或者在 QQ 群里向人请教，实在不行就"百度"。每学会一样新东西，我都很兴奋，觉得自己离产品经理的工作又近了一步。我记得，有一次我得知火狐浏览器有一个插件叫 firebug，装了之后可以查看网页的源代码。我马上就安装了 firebug，学会操作后感觉自己牛气得不行。

但是在自学的过程中，因为缺少有效的指导，我也浪费了大量的时间，受了不少打击。我不知道什么工具该重点学，什么工具了解基本用法就行，只能囫囵吞枣地遇到什么学什么。有些东西实在太难学了（比如 HTML5 和 CSS3），我在上面花了很多时间，走了不少弯路。

后来，我当上产品经理才发现，那张图里的许多工具其实很少用到。比如，我现在画原型和写文档用得最多的是墨刀，而不是 Axure；做项目管理用得最多的是 Google 表格。至于那张图里的 PPT、Visio、MindManager、Photoshop、HTML5，甚至 Word，我都很少用到。

我知道有不少想转行做产品经理的朋友去报班学习 Word、Excel 和 PPT，其实没有必要，这些工具知道基本的操作就行。我写这本书也是想告诉大家学什么对找产品经理的工作最重要，免得大家像我一样走弯路。

QQ 群和产品沙龙活动

那段时间里,我加了很多产品经理的 QQ 群,心想如果遇到问题,可以在 QQ 群里问大家。后来我发现群里大多是像我一样的新手,急着转行,对这一行一知半解。而真正的产品经理都很忙,没时间在群里和你一起"灌水"。

好在微博上有一个活动模块,我常上去看周末有没有与产品经理相关的活动,就算没有有关产品经理的活动,设计师的、运营的、创业的活动我也会尽量参加。

现在想来,那时我从浙江金华(一个四线城市)来到北京,从一个传统的销售行业进入互联网公司,有点像从农村来到城里,看啥都觉得新鲜,看啥都想学,而北京是一个特别包容的城市,有很多免费的资源,只要你愿意去学,它能提供无尽的机会。

有一次,我参加了网易办的网易微博产品设计体验课(见图 1.2)。网易当时推出了自己的微博,与新浪微博有一些差异,想邀请用户去体验,征求大家的意见,看看有没有什么可以改进的地方。活动方把报名参与者分成几个小组,共同完成任务。我还记得当时同一组有一位在微软实习的北航研究生。几年后,我才知道这个活动叫盲测,就是给用户一个任务,记录用户的操作轨迹,看用户是怎么完成的。

图 1.2 参加活动的合影(前排右六为作者)

2011年的冬天,我在北京也没什么朋友,几乎每个周末都在外边参加各种各样的活动。对我来说一切都是那么的新鲜,我也因此认识了很多人,每遇到一个人,我就问他在哪家公司工作、公司在做什么样的业务，以及他自己的具体工作内容。

每周参加这些活动，加深了我对互联网公司各个方面（如产品、运营、设计、技术、创业、投资）的了解，也让我见到了很多"牛人"，比如有一次见到了陌陌的产品总监唐小亮，他当时在活动现场分享陌陌的产品价值观。有趣的是他很腼腆，讲话的声音很小，看起来文质彬彬的。

还有一次，我见到了几米的创始人高康迪，听他分享为什么要做几米、为什么要在大三选择创业、他们是怎么挖掘用户需求的、怎么进行产品设计的，以及在创业过程中遇到了哪些问题等。那次，我听完他讲的演讲，兴奋极了，特地上前要了一张他的名片。

当时，这些人都是我心目中像神一样的产品人物。之所以讲这些，是因为过了很多年之后，当我回忆转行的过程时，我发现因为自己能够近距离接触那些自己想成为的人，让自己有勇气朝着那个方向走，无形中给了自己一种心理暗示：身边有很多优秀的产品经理，我也会变得像他们一样的。后来我才知道，有一条著名的心理学理论，讲的就是要尽量想办法接触你想成为的那些人,这会给你带来无穷大的力量。

 小提示

尽量想办法接触你想成为的那些人,这会给你带来无穷大的力量。

看产品管理的书

那个时候,我有空就向公司的产品经理请教问题,无奈他们都很忙,没太多时间教我。后来范老师推荐我读一读《人人都是产品经理》,我马上就买来了这本书,如获珍宝般一页一页地认真读起来。可是读完了还是感觉像在云里雾里,不太明白。为这事,我几乎开始怀疑自己的智商了。我是不是真的不太适合做产品经理?为什么这本书我一点都看不懂呢?

读完这本书,我特地发了一条微博,恰巧被苏杰看到了。他邀请我给这本书写书评,我答应了。这篇书评现在还在我的博客上,感兴趣的读者可扫描二维码阅读。书评写得没什么头绪,挺乱的,足见当时并没有看懂这本书。苏杰估计也看出来了,只是没好意思点明。

我给《人人都是产品经理》写的书评

现在回过头来看，才明白这本书其实是写给初级产品经理看的。你要是在阿里巴巴工作，看这本书那就再合适不过了。可是对于我们这些半路出家的人来说，这本书还是有些难了。

后来我又看了《启示录：打造用户喜爱的产品》《结网：互联网产品经理改变世界》等书，一样是看得云里雾里，不明就里。一直等到我做了几年产品经理后，再次翻开这些书的时候，我才明白了作者所讲的内容和道理。这也是我写这本书的原因：我要写给那些完全没有互联网产品经理工作经验，甚至没有互联网经验，还没进入产品经理这扇门的人看。

💡 小提示

不要因为看不懂《人人都是产品经理》就否定自己，坚持走自己的路。

第一次记录有关产品的思考

那两个月,我看了数不清的有关产品经理的文章,参加了一场又一场的活动,看了不少有关产品经理的书,把我听说的工具都摸索了一遍,但我还是感到自己没入门,觉得无所适从。

那大概是我毕业以来失眠最多的一段日子。深冬北京的西北风在窗外呼呼地刮着,我常常一听就是一整夜。想转行做产品经理而不得法,前途就像这漫长的黑夜一样,我不知道路在哪里,应该往哪里走。

有一天,我无意中看到一篇文章说写竞品分析可以提升产品经理的能力。我就像抓住了救命稻草一样,想试着写竞品分析。可是竞品分析应该怎么写呢?写什么产品呢?我心里又没有底。

我搜索网上有关竞品分析的文章,大多是写整个行业的对比或者完整产品的对比,可我又听人说竞品分析最好只针对某个具体的功能进行对比。哪种做法是对的呢?我一时没法判断。

不管那么多,先试着写吧。我的思路:竞品分析要写出自己对产品的理解,同时也要与同行业产品做比较。

那段时间大家都在玩新浪微博,我也不例外。2011 年 11 月 27 日,新浪微博上线了一个"写心情"的功能,有点像 QQ 空间的"说说"功能。但是这个功能做得不太让我满意,特别是它提供的一些默认心情模板与我自己的理解差别很大,我觉得这个新功能还有很大的完善空间。

我想这个功能刚上线,大家可能比较关注它的表现和用户反馈,于是决定记录下自己的使用感受和思考。这就是我写的第一篇"竞品分析"。我把"写心情"的一些表情和 QQ 表情做了对比,然后指出自己觉得不合理的地方。严格来说,它还不算是一篇竞品分析,更像是一篇吐槽文章。不管怎么说,我总算动笔写了。

我写的第一篇"竞品分析"

写完后，我把博客文章分享到了微博上。我很想知道自己写得到底怎么样，同时也希望有更多的人可以看到（我当时的微博粉丝只有 443 个），于是我就找身边的同事帮忙转发微博。我还特地发私信给我当时关注的微博大号，请他们帮忙转发。前后总共发了二十几封私信，最后只有一个人帮我转发了，但我已经很满足了。

这条微博发布后，不断有人转发和评论。到第二天下午，已经有 93 次转发、54 条评论了（见图 1.3），其中不乏粉丝数量几十万的微博大号、媒体公众号等，还有一些知名公司（如淘宝、微软）的产品名人和技术牛人。

图 1.3　我第一次在微博上分享竞品分析

那篇博客文章最后有 1934 次阅读和 57 条评论。第一次写竞品分析，就有这么多的人来讨论，这让我特别激动。我认真看了大家的转发和评论，有说好的，也有说不好的，但不管怎么样，看到这么多人在讨论我写的东西，我还是得到了极大的鼓励。

第二天我在公司卫生间遇到了戴总。他对我说："三科你昨天写的那个竞品分析，还真不错，我在微博上看到好几个朋友都转发了啊。"

我连忙说："第一次写，还请戴总多多指点。"

戴总说："重在坚持，每一篇都有一些进步就非常好了。"

这次简短的对话把我两个多月的焦虑、痛苦都一扫而光，让我特别开心。

现在看来那篇文章压根算不上竞品分析，完全没有章法，只是一味地吐槽。因为微博当时很火，大家比较关注它的新功能，所以才会引来这么多人讨论。尽管如此，我还是为自己勇敢地迈出了第一步而高兴。

有些想转行做产品经理的朋友,虽然看过很多篇竞品分析,却不知道该怎么下笔。我的建议是写自己的真实感受就好。写得怎么样,有没有人看都不重要,关键是要写出来!

有勇气写完,就会有进步,这才是最重要的,没人看就自己看,自己给自己鼓鼓掌!

这里给大家留一个课后作业。在你最常用的App里(微信、淘宝除外),有没有哪个功能让你觉得非常不满意?为什么这个功能让你觉得非常不满意?试着把你不满意的地方写出来。你有勇气把它发到微博上,@这家公司的高管吗?如果你不愿意的话,也可以发给我(lisanke@qq.com),我帮你看看。

有针对性地写竞品分析

写第一篇竞品分析带来的快乐没持续几天,我又陷入了深深的焦虑,下决心转行做产品经理已经有三个月了,除了刚刚写的那一篇竞品分析之外,似乎没有任何进展。

我开始上智联招聘和前程无忧(那时候还没有拉勾网)挨个查看招聘产品助理、产品专员、初级产品经理的信息。我觉得自己需要从最基础的工作开始干,因此常去业内公司的官网上查看它们对初级产品经理的招聘要求。

那段时间,我看到了马蜂窝的招聘信息,恰好我自己也喜欢旅游,就对这家公司产生了兴趣。我花了一周时间在马蜂窝网站上看游记,看别人写的旅游攻略,就好像自己也去了这些国家旅游一样,越看越喜欢。

我记得马蜂窝在官网"加入马蜂窝"栏目下放了一些公司员工的照片,这些温情且文艺的照片深深地打动了我,我决定投简历试试应聘马蜂窝的产品经理。

我在以往的简历上加上了我为转行所做的努力：看了大量网络文章、了解产品经理工作流程和内容、掌握基本的原型和思维导图工具、会写竞品分析，等等。

我鼓起勇气把整理好的简历投了出去，然后开始了满心欢喜的等待，盼望着对方HR打电话通知我去面试，幻想着有了产品经理的工作，拿到一个月两万元的薪水……

接下来的一周，从满心欢喜的期待，到杳无音信，实在是太难熬了。最后我明白自己是没戏了。现实又一次击碎了我的梦想。就凭一份简历，吹嘘自己知道产品经理工作流程和内容，却没有任何在产品经理岗位上的工作经验，谁会要我呢？

虽然我还是不甘心，但是再投简历的话，即使我写自己热爱旅游并且愿意学习，没有在产品经理岗位上的实际工作经验，还是过不了HR那一关。我必须想办法让对方看到我所做的努力才行。我寻思可以像上一次写竞品分析那样，试着写写我用马蜂窝的感受，没准能引起马蜂窝高层的注意或者能让马蜂窝的产品经理看到也好呀！

说写就写,有了上一次写竞品分析的经验和教训,这一次我打算写出一点不一样的东西来,要写出马蜂窝的高层或者产品经理想看的内容来。怎样写才能让他们想看呢?

我上大学时辅修的专业是"旅游与酒店管理",有几位师兄师姐在传统的旅游行业工作。我想从他们那里也许能打听到一些别人不知道的事。我就打电话给他们,请教旅游行业的现状和发展情况,以及他们是怎么看待自助旅游的。

另外,我以前的工作主管的妻子是一个超级"驴友",曾经辞了工作去云南、四川、西藏旅游。每次一起吃饭,她聊起旅游来总是滔滔不绝。我就把她以前跟我们聊得那些事情和我自己对旅游的理解也写到了这篇名为《浅谈旅游分享社区》的文章里。

我写的《浅谈旅游分享社区》

像上次一样,我把这篇文章发到了微博上。没想到马蜂窝的 CEO 陈罡真的看了我的文章，还评论了我的那条微博。接下来，你们大概都猜到了：陈罡发微博私信给我，邀请我去公司聊聊。就这样，陈罡成了我转行做产品经理路上的第一位面试官。我那两天极度兴奋和紧张，都不知道该为面试准备些什么。

见面后，我记得陈总问我："你写的文章挺不错的，你为什么要写这个呢？"

我说："我喜欢旅游，觉得这里头可以做的事情还挺多的，这事情有意思。"

陈总又问："那你觉得马蜂窝接下来应该做什么？"

我说："做电商，卖东西，卖景点门票、旅游周边、旅行用品等。"

陈总想了一会，淡淡地说："那就不是旅游了。"

我说："赚钱啊，这些能变现。"

陈总又说："那就不是旅游了。"

我又问陈总："我能过来做产品经理吗？"

陈总说："我们在找有工作经验的产品经理，目前我感觉你还不是很合适。"

连 CEO 都拒绝我了，应该不会再有机会了。

虽然这次马蜂窝的面试失败了，但是能直接见到对方的 CEO，我已经很满意了。我至少证明了有针对性地写竞品分析是可行的，用它当敲门砖要比盲目地投简历有效得多。

这篇竞品分析不但让我见到了马蜂窝的 CEO 陈罡，也让我认识了爱旅行的创始人兼 CEO 袁伟。袁伟看了我的文章后，也在微博上给我发了邀请，约我见面吃饭。那天袁伟还约了四位旅游行业的人过来，大家聊得很开心。

过了两周，我接到陈罡的电话，他说有一位朋友创业，想做 iPhone 越狱版本的应用商店，想约我见面聊聊。我们在东四环大望路的一家咖啡厅里见了面，那位朋友说看好 iPhone 越狱应用这个市场，想做一个应用商店，还给我分析了商业模式，问我愿不愿意一起做。可惜那天他讲的东西，我一点都没听懂，因为我那时用的还是诺基亚 E71。这件事情后来便不了了之了。

虽然我写这篇竞品分析没有实际的收效，但它给我带来了以前想象不到的机会。这件事大大增加了我的信心。

不久之后，我很认真地写了一封信给戴总，说明自己最近学习有关产品经理知识的情况，并且再次表达了想转岗做产品经理助理的愿望，希望他能给我一个机会。戴总再次委婉地拒绝了我，说目前业务发展并不缺人手，让我再等等看。

两次申请转岗被拒绝后，我坚定了在公司以外寻找做产品经理的机会。

继续写竞品分析

前两次写竞品分析的经历,让我决定继续写下去。后来我看到优酷在招产品经理,我又写了一篇有关视频网站的文章《浅谈视频网站的 UGC+社区》。

每一次写竞品分析,我都希望比上一次写得好,不断尝试一些新东西。在这篇文章里,我有针对性地接受了一些前辈的建议:第一,提出了自己的观点,给出了我对未来发展趋势的判断;第二,从用户的视角思考问题和分析问题;第三,梳理国内排名靠前的两个视频网站的功能,并与 YouTube 进行了对比。

我写的《浅谈视频网站的 UGC+社区》

现在看来,这篇文章还是有不少不足之处,比如,没有明确竞品分析的目的、对三家视频网站的功能对比过于简单(只画了三家视频网站的功能思维导图，没有截屏对比功能）、缺少可信服的论据等。

尽管这篇竞品分析写得并不完美，可它还是让我获得了优酷的面试机会。优酷的面试官告诉我，优酷 CEO 古永锵看了我的文章，然后在公司内部群发邮件向大家推荐了这篇文章。

接着，土豆的高级产品总监约我吃了一次晚饭。我还收到了爱奇艺的面试机会，以及电影网（1905.com）产品中心总经理的面试。

尽管最终我还是没有拿到产品经理的 offer，我也觉得很开心，至少我写的东西引起了这么多人的注意。

每次面试结束时，面试官问我还有什么问题，我都会问："您觉得我要成为贵司初级产品经理，还需要在哪些方面努力？"

我把面试官的建议记下来，朝着这个方向继续努力。虽然没有拿到 offer，但心里却不慌了，而是更踏实地学习和练习。

成为产品经理

不久后,我看到大街网(dajie.com)在招聘初级产品经理,我又决定写一篇谈商务社交网站的文章《浅谈商务社交网站的核心应用》。在下笔之前,我花了很多时间体验同类产品,同时吸取前辈给我的建议,不再写大而全的分析,转而更加细致地分析具体功能。这一次我做了以下几点尝试:

1. 借用 Alexa 的数据,找出产品最核心的页面和功能(浏览量最高的页面),有针对性地进行分析。

2. 剖析异常数据背后的用户需求,用有效的数据支持我的论点。

3. 借助思维导图对核心功能进行梳理、对比,找出差异点。

4. 通过调查问卷广泛收集用户需求(如学习、扩展人脉等)。

5. 最后给出分析结果和建议。

我写的《浅谈商务社交网站的核心应用》

这篇文章的阅读量和转发量比以前高了很多,同时我还收到了很多肯定的评价。一位名叫"悠游马"的网友这样评论:

一直很欣赏李三科的才气与激情。这篇文章充分体现了他:1)用心钻研的态度;2)综合运用工具的能力(Alexa 数据统计、思维导图、问卷调查);3)数据分析能力;4)逻辑推理能力;5)互联网分享精神。这篇业余调查研究写出的文章,可以说比很多专职的产品经理写得都好。

"悠游马"是一位在微软工作了 10 年的技术人员,后来自己创业做职业社交,再后来去了百度做技术人员,能够受到他的肯定,对我是莫大的鼓舞。

可惜的是,这篇文章并没有引起大街网高管的注意,我投出去的简历和报告犹如石沉大海一般,杳无音信。

没想到东边不亮西边亮,虽然大街网没有回应,但是智联招聘的 CEO 看到了我的文章，他发来私信约我聊一聊。

去智联招聘的那天，先是产品副总裁请我吃了个饭，然后产品副总裁安排了产品总监来面试我。产品总监问了我许多有关那篇文章的问题，我们聊了大概一个小时。最后，他又问了我对产品经理工作以及产品上线流程的理解。随后，HR 对我说可以给我月薪 6000 元，问我是否愿意来智联招聘做产品经理。几个月的漫长转行之路终于有了结果，我抑制着内心满满的激动说："我愿意。"

我入职后接手的第一个项目是智联招聘与阿里巴巴合作的项目。我自己以前在阿里巴巴做过销售，对这一块业务比较熟悉，加上带我的领导非常好，团队成员也很友善，我有什么不懂的问题，大家都愿意回答，因此项目推进得比较顺利。原本需要六个月的试用期，我提前三个月就转正了。

就这样，我成为了智联招聘的一名初级产品经理。后来，我又跳槽到搜狐做移动客户端产品经理，再后来又成为 Face++ 的首位产品经理，现在我在优信担任资深产品经理一职。

帮助其他人成为产品经理

在我做产品经理的这六年里,我面试了数百位应聘产品经理的人,手把手带出过好几个产品经理,也带领过成熟的产品团队。我也遇到过许多想转行做产品经理的朋友,以及希望从事产品经理工作的在校大学生。

大概是我自己的转行之路异常坎坷,我很能体会他们的急切心情,也衷心希望能够帮助他们。

2017年初,一位叫罗永祥的在校大学生加我微信,说他想去互联网公司做暑期产品实习生,问我该如何准备笔试和面试。由于白天工作比较忙,我只是简单地和他聊了几句,就让他把问题整理一下,发邮件给我。

我本来以为和他的沟通就到此为止了,我们都会成为对方微信联系人里的陌生人,过一段时间彼此将对方默默删除。没想到在晚上回到家后,竟然收到了永祥发来的一封长长的邮件,看得出他花了很多时间准备,而且是真心想做产品经理。我被他的执着打动了,特地和他通电话聊了聊产品经理实习是怎么一回事,应该做哪些准备。

遇到永祥后,我开始觉得我应该为那些憧憬成为产品经理的学弟学妹们做点什么。于是我写了一篇文章《想做 PM?写给还在读大三、研二的你》,向即将毕业,希望从事产品经理工作的在校学生发出邀请,为他们找实习单位和找工作做准备。这篇文章的阅读量超过了一万人次。有 30 多人看了这篇文章后给我发邮件,其中既有学生,也有已经工作了的人。

经过三轮筛选,我从 30 多人中挑选了 5 人,开展更细致的辅导。我把初级产品经理的知识体系做了完整的梳理,每周六上午开一次电话会议,给大家讲解一个知识点,然后留一点作业,让大家独立完成。

这样坚持了两个月,我带领大家把需求调研、用户画像、竞品分析、思维导图、流程图、交互原型、需求文档都学习了一遍。

也许是因为大家觉得这个机会特别难得,完成作业都格外积极。当我指出不足之处时，每个人也会不厌其烦地修改作业，以期做到更好。

就这样，培训结束后每个人都把这次实践经历写到了简历上。2017年12月，这5位即将毕业的大四学生分别拿到了滴滴出行、京东、大疆创新和YY语音的产品经理offer。

这件事情让我备受鼓舞，也让我下定决心把这套培训方法分享给更多想做产品经理的人。

2017年9月，在一个朋友的建议下，我在"在行"上开设了"小白如何快速入门产品经理"的课程，一方面是想检验自己的这套方法是否可行，另一方面也是希望进一步了解想转行做产品经理人群的特点。

从2017年9月到12月初的3个月时间里，我接待了一百多名学员，成为"在行"北京地区最热门的五位老师之一。

这一百多名学员里，有一些是见面聊的，还有一些是通过电话沟通的。我粗略地做了统计，约我的人当中已经参加工作的占到90%，而且各行各业都有，比如健身教练、建筑设计师、行政人员、项目经理、客服、程序员、UI设计师、猎头、销售，等等。

见面之前,我一般都会请对方把自己的简历和想问的问题发到我邮箱,我好做准备。每个人的情况不同,问的问题也千奇百怪,但几乎所有人都会问一个共同的问题:如何快速转行做产品经理。

我一遍遍地精简和优化自己的知识体系,针对不同人的特点,提供适合他们的转行建议。我发现很多人在约我之前或多或少地走了弯路。这些教训,我会在第四章以案例的形式写出来。我建议大家看一看这些前车之鉴,避免再走弯路。

我很欣慰,在践行了我的方法后,绝大多数人都找到了产品经理的工作。每一次听到学员转行成功的消息,对我都是莫大的鼓舞。这也促使我下定决心把这套方法写成书,分享给更多的人。

我的"在行"主页

第二章
如何快速转行做产品经理

每次遇到想转行做产品经理的人,我给他们的建议都是先掌握最少必要知识,找到工作,再想办法提高自己的工作能力。成功转行做产品经理的人,都是从初级岗位做起的,比如产品专员、产品助理、产品实习生和初级产品经理,这些岗位并不需要特别多的专业知识。而更高级的产品经理知识,基本上也无法通过培训和自学来获取,只能在工作中通过做实际项目逐渐锻炼和掌握。

因此对想转行的人来说,当务之急是掌握对转行有决定性影响的关键知识,即"最少必要知识",快速找到工作;其余的知识和技能,可以在工作中逐步掌握。本章将讲解一套简单但有效的转行方法,这套方法已经帮助一百多人成为产品经理。

我给这套方法取了一个名字,叫"钢七条"(见图2.1)。

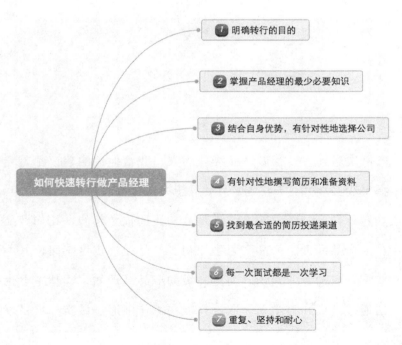

图 2.1 快速转行做产品经理的"钢七条"

所谓"钢七条"是我在帮助学员转行做产品经理的过程中总结出来的七条经验。别小看这简简单单的七条经验，它们是我从大量的实践中总结出来的，这其中有我自己走过的弯路，也有很多学员走过的弯路，最后经过提炼，呈现给大家。我的学员都习惯叫它"钢七条"！

接下来，我逐一讲解每一条的意义。

明确转行的目的

每次见到新学员,我通常都会问他:"你为什么要转行做产品经理?"

这是一个开放式的问题,大家的回答五花八门。因为不是正式面试,所以我觉得大家的回答都比较真实。最常见的回答可以分成两类:

1. 不喜欢现在的工作,又不会写代码,听说"人人都是产品经理",而且产品经理工资高,就想转行试试;

2. 自己有一定的优势,比如沟通能力不错,对新鲜事物比较好奇,适合做产品经理。

我问这个开放性的问题,其实是想知道坐在对面的这个人对这个工作的理解有多深刻,毕竟这是一个较大的人生选择,而一个人的聪明智慧都体现在选择上。

你会发现有些人是人云亦云,随大流,缺少思考;有些人则会仔细分析自己的优势和劣势。每一种回答都代表了一个人的思维方式，而人跟人之间的差距，就体现在思维方式上。

这个问题其实也是大部分面试官面试时一定会问的问题。对做产品经理的人来说，独立思考能力和逻辑分析能力是很关键的。因此，大家应该事先针对这个问题做好准备。我觉得比较好的回答至少应该包括以下几个方面：

我对产品经理的工作内容、发展趋势的了解；

我做产品经理的优势、经验是什么；

我未来的职业规划是什么。

比如你可以这样回答：我之前通过询问做产品经理的朋友了解到，产品经理是一个对综合能力要求比较高的职业，要动手做很多一线工作：需求调研、竞品分析、制作原型、写文档等，同时还要具备项目管理和产品规划的能力。这是一个需要不断学习和提升的职业，不容易触到天花板。我正是因为现在的工作一眼就可以看到头，机械而简单，所以才想转行做产品经理。我从小就喜欢探索和冒险，比如我热爱 XX（讲自己的爱好，如旅行等）。我觉得自己的逻辑推理能力也比较强，擅长发现和分析事物背后的逻辑。慎重考虑之后，我才决定转行做产品经理。

这样的回答会让面试官觉得你是想清楚了的，你了解产品经理的工作内容、职业特点，了解自己的优势，是经过深思熟虑的，而不是一厢情愿、人云亦云，或者是一时兴起的想转行做产品经理。

我遇到过一些学员，他们的回答其实在给自己"挖坑"。这个话题我在第四章里还会结合真实的案例做进一步的讲解。

? 思考与练习

1. 请思考你转行做产品经理的目的是什么？

2. 你目前具备哪些产品经理该有的能力？

掌握产品经理的最少必要知识

转行做产品经理的路上往往会有很多阻力,毕竟你从一个领域进入另一个领域,充满了未知和不确定性。我见过很多人在转行的路上走到一半就放弃了,还是做回了原来的职业。

了解我转行经历的人会知道,我在转行的 5 个月时间里其实走了很多弯路,在一些不必要的事情上浪费了大量的时间。现在想起来,我觉得那时至少做了 90%的无用功。

那么,怎样做才能不浪费时间呢?

我们不妨先看看国内主要的招聘网站(如前程无忧、智联招聘、拉勾网、Boss 直聘)上对初级产品经理的典型招聘要求。

典型的初级产品经理工作职责:

1.协助产品经理进行项目前期的需求调研,用户访谈,收集用户对于某个功能的使用体验;

2.跟踪行业变化和市场发展情况,定期撰写竞品分析,给

产品团队提供决策参考;

3.在产品经理的指导下,开展用户QQ群运营等活动,熟悉业务;

4.接手一些小功能需求,在产品经理的指导下绘制产品原型、撰写文档,跟进和推动功能上线;

典型的初级产品经理任职要求:

1.聪明、执行力强、综合素质高;

2.会使用基本的办公软件;

3.熟悉产品上线全流程;

4.了解用户访谈基本原理,能够协助产品经理完成指定项目的用户访谈;

5.能够独立完成竞品分析、跟踪;

6.具备基本的绘制原型和撰写文档的能力 ;

7.有相关产品项目经验者优先;

从招聘要求我们不难看出，公司对初级产品经理的预期是能够快速上手，协助产品经理完成一些基本任务（也可以理解为帮忙打杂）。你只要掌握一些基本的产品经理技能（如知道如何做用户访谈、写竞品分析、熟悉产品经理的工作流程），就具备了应聘的资格。

我的观点与其他介绍产品经理图书、培训机构的观点不一样。在我看来，只有根据初级产品经理的招聘要求开展有针对性的学习，才是高效进入产品经理行业的方法。具体来说就是掌握最少必要知识，反复练习，把练习成果附在简历上，先撬开产品经理这扇大门。在以后的工作中，通过做项目、请教同事，再进一步提高自己的能力。

我的观点可以概括为：先入职，再提升。你没有必要一上来就精通十八般武艺。具体来说，初级产品经理的招聘要求可以分为以下两部分。

1. 基本素质

聪明、执行力强、会用基本的办公软件（这是最基本

的要求，本书不再赘述）

2. 产品技能

　　熟悉产品上线的流程（必须掌握）

　　会做需求调研、用户访谈（必须掌握）

　　会写竞品分析（必须掌握）

　　会画产品原型，写需求文档（了解项）

　　有相关的产品项目经验（加分项）

其中，熟悉产品上线的流程，了解产品经理的工作流程和内容，会做需求调研和会写竞品分析，是你**必须掌握**的，否则你是无法通过面试的。

除此以外，面试官可能还会问你会不会画原型，会不会写需求文档，会不会画思维导图和流程图。掌握这些工具并不属于产品经理的核心竞争力，只要了解就行，属于**了解项**。这时你最好回答"会或者会一点"（回去以后现学），不要因为不了解它们阻碍了你转行的路。

最后，如果你有相关的产品项目经验，参加过完整的项目，了解产品经理工作的每个流程（需求调研、竞品分析、流程图、产品原型、交互原型、需求文档），一定会让面试官刮目相看，这些属于**加分项**。

先入职，再提升，这是我给每一位想转行做产品经理学员的建议。我在"在行"上教了一百多位学员，他们按照这个方法学习和准备后，都取得了不错的效果。千万不要像我那样，遇到什么就都想学，浪费了宝贵的时间和精力。有关这一点我会在第四章中进一步强调。

我将在第三章详细讲解如何掌握本节提到的知识点，如果你着急的话，可以快速翻阅到第三章来学习这些知识。

❓ 思考与练习

1. 你认为转行做产品经理要掌握哪些知识和具备哪些能力？

2. 找一家你想应聘的公司，分析这家公司发布的初级产品经理招聘信息，看看需要具备哪些能力？

结合自身优势，有针对性地选择公司

现在大学里还没有开设产品经理这个专业，因此目前所有从事产品经理工作的人都不是"专业对口"。这也意味着所有人的机会都是平等的，大家都可以转行做产品经理。

那么怎么样才能让用人方更快地接纳一个转行的人呢？

拿我自己来说，从决定转行做产品经理开始，我参加了很多公司的面试，虽然做了那么多的努力，甚至对工资都没有太高的要求，仍然没有结果。最后是智联招聘给了我一个机会。

为什么是智联招聘呢？

我后来跟领导沟通过这个问题，原因是我有在阿里巴巴做 B2B 销售的经验，而智联招聘当时刚好跟阿里巴巴有一个合作的项目，给 B2B 的中小企业招聘外贸业务员，这正好是我当年在阿里巴巴做的事情。我熟悉这块儿业务，理解中小企业的痛点在哪里，可以节省不少熟悉业务的时间。至于怎么根据需求来设计产品功能反而比较容易掌握，所以智联招聘才会给我这样的一个机会。

同样，我在"在行"上给学员的建议为：一定要挖掘自己以往的经验，结合自己的优势，看看有哪些相关业务的互联网公司会提供产品经理的工作机会。

这是因为产品经理的能力其实包含两条线：业务线和技术线。

所谓业务线，可以这样理解：互联网是个工具，它最终要解决现实生活中一些具体的问题（比如携程旅行网解决订酒店、订票的问题），这就要求产品经理熟悉所做的业务，也就是我们通常所说的要了解用户，了解用户的需求和场景。如果你以前做过相关的业务，那么你对这份工作的理解就比没做过的人要好很多。

所谓技术线，就是产品经理需要掌握的一些工作方法和技巧，比如做需求调研、写竞品分析、画产品原型、写需求文档等。

对那些最终要靠线下服务产生收益的互联网公司（比如旅游、房地产、汽车等行业的公司），做到3年以上的产品经理，最终会朝行业经理这个方向发展。现在互联网正在不断地向传统行业渗漏，如果你对某一传统行业的业务比较熟悉，那么你就有先天的优势。

我有一位学员之前在科锐国际人力资源有限公司（自称国内排名第一的猎头公司）工作了两年，他想转行做产品经理。我给他的建议如下。

1. 可以先考虑去互联网猎头公司（比如猎聘网）应聘产品经理，看看这些公司招聘初级产品经理的要求，需要哪些技能，有针对性地做准备。

2. 除了猎头行业，还可以考虑其他招聘公司（如智联招聘、前程无忧、拉勾网），这些公司的业务都跟你以往熟悉的业务有相似之处。

3. 考虑一些针对企业招聘或者管理公司内部人员福利的软件公司。

4.在这些公司的面试中,你有其他竞争者不具备的经验和优势,面试官更愿意跟你聊业务。

这位学员听完我的转行经历和建议后觉得很受启发。他说他都不用去微博上找这些公司的高管,因为职业关系,他本来就有这些人的联系方式。而且,他早就觉得某些互联网招聘产品并不好用,写这方面的竞品分析可谓有感而发,水到渠成。

约我聊完的第二周,这位学员就发来一份他写的有关国内某猎头网站主页的竞品分析。他对比分析了国外的 LinkedIn 网站,并结合自己做猎头的感受,提出对网站主页的修改建议。我帮他修改了两次之后,他有针对性地投递了一轮简历。两个月后,他拿到一家互联网招聘公司产品经理的 offer。

思考与练习

1. 你现在从事什么工作,你在这个行业内有哪些积累?

2. 如果你是大学生,你在你的专业上积累了哪些知识?

3. 你从事的行业或学习的专业里,有哪些相关的互联网公司?

有针对性地撰写简历和准备资料

我建议准备转行的求职者有针对性地撰写简历,把自己以往的工作经验写详细一些(学生可以写自己做过的项目和参加过的社会实践),而且要尽量往产品经理上靠,把写出一份好简历作为自己的一项竞争优势。

求职者应该针对招聘信息来写简历,研究对方的招聘要求,看对方需要什么样的人,自己以往的哪些经验是对方看重的,详细展开叙述。尽量写清楚你在什么时间段、在何处(公司或学校)做了什么事情,为什么要做这些事情,做的过程中遇到了什么问题,你是怎么解决的,最后取得了哪些可量化的成绩。

简历应该突出重点,你可以从以下两个方面来衡量。

1. 相关经验是否描述清楚了,是否写出了关键点?

2. 你的经验(专业课程)与产品经理工作的相关性是什么?

我们来看一个具体的例子,以下是发现旅行在拉勾网上发布的旅游产品助理的招聘信息(见图 2.2):

图 2.2　发现旅行在拉勾网上发布的招聘信息

我们可以这样解读这份招聘信息的岗位职责:协助负责人对外沟通、处理供应商的反馈、处理客户和供应商的需求。这其实是要求你找到目标客户、调研客户的需求,以及解决客户的问题。如果你恰好有出境旅行的经验,英文过关,那么你就基本符合任职要求了。

接下来,你应该去发现旅行的官网上看看,结合你自己出境游的一些痛点,写一份竞品分析报告,附在简历后面,相信面试官是很难拒绝你的。

我们再看一则高思教育在 Boss 直聘上发布的产品专员招聘信息(见图 2.3):

图 2.3　高思教育在 Boss 直聘上发布的招聘信息

我们可以这样解读这份招聘信息对应聘者能力的要求:

1. 理解产品定位，如果你试着做过竞品分析的话，那么你对这一点肯定不会陌生；

2. 具备了解用户需求的能力，会收集用户反馈，跟上级一起探讨产品修改的方向；

3. 有教学经验。

如果你是一名想转行做产品经理的老师，只要通过简单的学习，掌握互联网产品设计的一些基本理论知识，然后在简历中写明自己的教学经验，应该不难拿下这份工作。

最后，别忘了简历要做得干净简洁，易于阅读（这也是产品经理应该具备的职业素质之一），只有给筛选简历的人留下良好的印象，对方才愿意看下去。做到以上这些，你的简历至少能打败 90% 的竞聘者了。

? 思考与练习

1. 找一家你希望求职的互联网公司，分析对方发布的初级产品经理招聘信息。

2. 针对招聘信息写一份简历，突出你适合做这份工作的相关经验和优势。

找到最合适的简历投递渠道

一般来说，越是公司的高层就越看重应聘者的行业积累（业务线）。对于想转行做产品经理的人来说，如何找到目标公司的高层，把简历和作品呈现在他们面前，就是一个特别值得聊一聊的事情了。

对有工作经验的人来说，你可以打听下朋友圈里是不是有人在这家公司工作，最好请朋友帮忙向高层推荐。如果你认识公司的高层，那就更方便了。我有一个学员，他是一名高中老师，业余时间在某网络课程平台授课，想转行做产品经理。我建议他先打听一下这家网络课程平台是不是在招聘产品经理。恰好这家网络课程平台要做一个帮助老师备课的互联网工具，正要招聘产品经理。他学习了产品经理的"最少必要知识"后，直接向公司高层发送了应聘信，很顺利地就成为了这家公司的一名产品经理。

对大部分的大学生来说，你的社会关系比较简单，找学长推荐可能是比较有效的方法。学长内推的成功率往往比社招的成功率高。

我自己转行做产品经理时用了比较笨的办法，那就是在微博上找人。现在我会建议学员去 Boss 直聘上看看。Boss 直聘上有很多公司的 CEO、部门高管直接招人，他们的回应速度也比较快，我知道已经有不少人通过这种方式拿到了 offer。

最后，对于招聘网站上的招聘职位描述，你需要认真看，但是不要太当回事，因为这些大多是公司的 HR 发上去的，有些公司的 HR 会找用人部门要一份职位描述，有些公司的 HR 可能就是直接去网上复制粘贴一份下来。所以如果你被拒绝了，不用太伤心，可能不是你不行，而是看你简历的人并不懂真正的用人需求。

思考与练习

1. 你觉得最高效的投递简历的途径是什么？

2. 你有没有更好的办法把简历投递到你想去的公司？

每一次面试都是一次学习

经过之前一系列的学习和准备后,结合你所在的行业,一般都可以挑出 10 家以上适合投递简历的公司。你可以先投递三五家,在接到面试通知后,试着把每一次面试都当成一次学习机会。

好的面试过程是双向的,面试官和应聘者会进行充分的沟通。

面试官要挑选应聘者,看这个人是否可以友好合作,学习能力怎么样,能否胜任这份工作,未来的成长潜力怎么样,个人素质和品质是否符合公司预期,现在给他提供的平台是否能够满足他的要求,他的稳定性怎么样。

应聘者也要挑选面试官。通常第一轮的面试官就是自己未来的直属上司,应聘者要了解对方是否足够专业、从他身上能不能学到东西、他会不会难以相处,等等。

在沟通中，如果你发现面试官的思路很清晰，对一些问题有自己独特的看法，应该赶紧拿笔记下来。在适当的时候，可以向对方征求转行做产品经理的建议。

在我求职的那几个月里，每一次面试官问我还有什么问题时，我都会问："您觉得我要成为贵司初级产品经理，还需要在哪些方面努力，还需要学习哪些知识？"

我会把对方的建议写下来，按照他的方法改进，并努力在下一次面试时，把这种改进体现出来。这就像我写竞品分析一样，每一次都力求比上一次写得更好。

每一次面试后，你都可以试着问面试官几个问题：

1. 我准备的资料，哪里做得还不够好？应该怎么改？

2. 您觉得我的简历哪些地方还有问题？

3. 您觉得我所了解的产品经理工作流程和方法有问题吗？

擅长提问题的人容易给人留下好的印象，让人觉得你是一个爱学习的人，而好学正是初级产品经理的核心竞争力之一。

在转行的路上，失败可能是常态，所以需要自己调整好心态，把每一次面试都当成一次向高手请教的机会，这样就不会患得患失了。

思考与练习

1. 你觉得问面试官什么样的问题，才算是好问题。

2. 记录每一次你从面试中学到的知识。

重复、坚持和耐心

李笑来说过一句话，大意是看一个人喜不喜欢做一件事情，只要看他在做得不好时候会不会继续做下去就知道了。我非常认可这句话。

转行做产品经理对任何一个人来说，都不是一件容易的事情，要不然产品经理为什么会这么少，工资又这么高呢？

没有哪个人转行的过程是一帆风顺的，我的学员都遇到过挫折。如果你坚定了转行的决心，就不要害怕失败和被拒绝。正确的做法：多给自己一些积极的暗示，不断学习和完善自己，去面试下一家公司。也许再努力一次，你就成功了。

常言说"行百里者半九十"，失败和拒绝并不可怕，可怕的是即将成功，我们却选择了放弃。

所以，在每一次被拒绝后，微笑一下，告诉自己，不是自己不行，而是他们没眼光，然后积极准备下一次面试。精心准备每一次面试。

当你有一天真正当上产品经理后,你就会发现,之前的那些努力都是值得的,产品经理这份职业带给你的收益将会远远超过预期,它会改变你的方方面面,包括思考问题的角度和方式。

当上产品经理之后,你就会发现,真正的拒绝、失败和打击才刚刚开始:

1. 研发部门拒绝你的变更需求的要求;

2. 设计师觉得你一点都不懂什么是美感;

3. 新上线的功能没人用,面临撤下;

4. 好不容易单独做出一个产品,失败了。

……

正是这些失败、拒绝和打击,可以让一个人快速成长,就像爱迪生说的"我只是找到1200种不适合做灯丝的材料"。爱迪生试制白炽灯泡,失败了1200次后,依然没有放弃实验。

正是由于互联网的高速运转，所以你才有机会快速检验自己的想法，然后进行调整，这样不断迭代，会让你比同龄人的成长速度快很多。

我的产品观是产品虐我千百遍，我待产品如初恋。你要相信：美好的事情，即将发生。

❓ 思考与练习

把每一次别人拒绝你的原因写下来，想想怎么解决。

第三章
一个完整的产品案例

一定有许多读者想知道产品经理究竟是做什么的,产品经理的日常工作流程和内容是什么。本章将以对话的形式向读者展示一个完整的产品功能的实现过程,让大家对产品经理是干什么的,要做哪些事情有一个全面的了解。

我将以一位学员提出的需求为例,逐步讲解我们是如何实现这个功能的。每个小节讲解一个步骤,并给出阶段性的成果,让大家形成一个感性的认识,这些阶段性的成果就是产品经理实际工作中的产出物。在讲解时，我习惯先在纸上画出思路，再用软件绘制。这也是资深产品经理常用的工作方法。

为了方便大家理解本章节的知识，我制作了一张产品经理工作的流程图（见图3.1）。

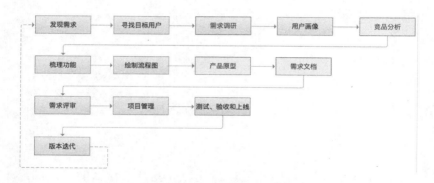

图 3.1　产品经理工作的流程图

本章节的内容，也会围绕着这张图来进行详细讲解。

发现需求

2017年9月的一天,我跟一个学员晓雅约在咖啡厅见面,晓雅当时在一家公司做金融风控方面的工作,公司计划进军国际市场,刚开始组建新团队,需要一名产品经理。她想先了解一下产品经理的工作内容,看看自己是否喜欢,再决定要不要转岗做产品经理。

了解晓雅的诉求后,我问她:"你有什么兴趣爱好?"

她想了一会儿说:"购物,逛淘宝算不算?"

我说:"算啊,你在淘宝上购物的时候,有没有什么用得不爽的地方?"

晓雅说:"我每年双十一前都会问好友有没有淘到什么好东西。朋友就会发给我几个她喜欢的商品,我也会加到我的购物车里。可是每年双十一过了之后,我发现朋友还买了其他一些好东西,连续好几年都这样,让我感觉特别不舒服!"

我:"这个痛点很有意思啊,那么怎么样才能让你用着比较舒服呢?"

晓雅想了一会儿说:"要是能把购物车清单分享给好友就好了,这样就再也不会错过好朋友买的东西了!"

我:"是啊,不过你想想,这个分享购物车清单的功能,会不会涉及隐私?"

晓雅说:"有可能,比如一些比较私密的东西,可能就不愿意分享给别人。"

我:"那要怎么办呢?"

晓雅:"可以增加全选、勾选和取消的功能,这样就既可以把购物车里愿意分享的商品分享给好友,又不用担心暴露隐私了。"

我:"嗯,这样设计很好,考虑也周道。你想没想过可以通过什么方式来分享呢,是用微信、QQ,还是通过淘宝的好友聊天功能?"

晓雅想了一会儿说："这个我还没有想好。"

我："如果微信和 QQ 屏蔽了淘宝链接，就无法直接发送淘宝链接，只能发送文本信息，接收方需要复制粘贴网址，在浏览器里打开才能看到好友的购物车清单；如果使用淘宝的好友聊天功能发送，就不存在这个问题。愿意分享购物车清单的人，关系应该是比较好的。"

晓雅："对，先用淘宝的好友聊天功能就可以了，省去了很多麻烦。"

我："我们刚才聊天的过程，就是产品经理日常工作的一部分：发现用户需求（发现问题），寻找解决方案（解决问题）。"

思考与练习

结合自己的兴趣爱好，准确描述一个让你使用不舒服的 App 功能，并给出你的解决方案。

寻找目标用户

在我的启发下,晓雅结合自己的兴趣爱好,讲述了自己在淘宝上购物时发现的痛点:淘宝没有分享购物车清单给好友的功能。每年双十一之后,看到"闺密"买了很多超值的商品,她都遗憾自己没买到。

接下来,我将告诉晓雅如何确定这个需求是真需求还是伪需求,如何寻找目标用户(商品的直接使用者或服务的直接体验者),调研时要使用什么技巧、注意哪些问题。

我接着对晓雅说:"现在要想办法验证你发现的这个需求是真需求,还是伪需求。"

晓雅:"什么是真需求,什么是伪需求?"

我:"简单来说,真需求就是真实存在的需求,有很多用户像你一样需要这个功能;伪需求就是你根据自己的意愿想出来的需求,其他人根本就不需要这个功能。"

晓雅："那怎么验证呢？"

我："多问别人，比如你可以问我有没有这方面的需求？"

晓雅："三科老师，你有这个需求吗？"

我："没有，我从来不在双十一的时候买东西。"

晓雅："哦！"

我："如果遇到这种回答该怎么办？这能说明你的需求就是伪需求吗？"

晓雅："呃，是不是我没问对人？我应该去问问我的'闺密'，还有那些喜欢在双十一的时候买东西的人。"

我："对！问人就是做需求调研。在做需求调研的时候，一定要找到目标用户，这非常重要。如果你没有找到目标用户，你就很容易得出这是一个伪需求的结论。正确的做法是找到会在双十一的时候买很多东西，而且喜欢打听什么东西值得买的人。这些人才是你的目标用户。"

晓雅："理解了，我应该多问一些目标用户，看看他们是否也有这个需求。可是要问多少人呢？"

我："问一二十人就差不多了。同时要注意问的方式，你不能直接问对方需不需要分享购物车清单的功能。"

晓雅："为什么？这样问不是更直接吗？"

我："你直接这样问，对方会不假思索地回答需要或者不需要，但这种回答很不可靠。有些产品经理做需求调研的时候会问用户会不会使用某个新功能，用户说会使用。等到新功能上线之后，才发现用户根本不会使用。是用户撒谎了吗？其实不是，是产品经理提问的方式错了。"

晓雅："哦，原来提问还有这么多的门道啊。"

我："是的，会提问也是做产品经理的基本技能之一。产品经理在做需求调研时，最好用旁敲侧击的办法，目的是了解用户以前是如何解决问题的。比如针对分享购物车清单这个新功能，你可以这样问对方：

双十一的时候你在淘宝购物车里添加了多少商品？

一般是怎么寻找到这些商品的？

双十一过后，会不会又发现了好东西，后悔双十一没买的？

问这三个问题的目的是：

通过双十一的时候，对方在淘宝购物车里添加的商品数量来判断其是不是一个疯狂购物者；

看看对方是如何发现商品的（是问好友，还是自己找），这样就能发现分享购物车清单这个新功能是否有合理性？

如果一个朋友在双十一的时候已经买了某些商品，但之后又后悔没买一些商品，就说明这个需求（分享购物车清单这个新功能）在这里是真实存在的。"

晓雅："我明白了。谢谢三科老师。"

❓ 思考与练习

1. 怎么找到与你有相似痛点的人？你有什么好办法？

2. 利用本节的提问方法，了解对方为什么会有这样的痛点。

需求调研

前面我和晓雅聊了如何发现需求,怎样寻找目标用户。接下来我要和她聊聊如何做需求调研,让她对需求调研有一个全面的了解。我还整理了一份需求调研的流程文档,方便她课后自学。

我:"晓雅,你知道需求调研有哪几种方式吗?"

晓雅:"不知道,请三科老师讲解一下。"

我:"需求调研有四种方式:

当面访谈、电话访谈、在线聊天(QQ、微信)、问卷调查

不管采用哪种方式,咱们的目的是一样的:通过科学的方法,调查目标用户对新功能或新服务的需要程度,了解用户解决问题的场景。"

晓雅:"三科老师,那怎么决定采用哪种方式呢?"

我："具体要看产品所处的阶段，以及公司能提供多少资源。我一般推荐产品经理采用当面访谈的方式。面对面地与目标用户进行沟通，能让产品经理快速了解目标用户，知道为谁设计产品，切身感受用户解决问题的迫切程度。与用户面对面地沟通会发现一些你想象不到的东西，可以矫正产品经理以往的一些错误认识。"

晓雅："做访谈前要做哪些准备呢？"

我："做访谈之前，你先要准备问题。访谈的目的是了解对方解决问题的迫切程度和解决问题的场景，因此问题的设计也要围绕这些展开。注意问题总数最好不超过 10 个，以免受访对象过于疲惫而随意回答。比如，我们想知道分享购物车清单是不是一个真需求，可以设计这样几个访谈问题：

1. 你一般多久网购一次？

2. 双十一的时候，你在淘宝共购买了多少件商品？

3. 你是通过哪些渠道找到这些商品的？

4. 这些渠道能满足你的购物需求吗？

5. 双十一之前,你会跟'闺密'分享一些值得买的商品吗?你们是怎么交流的?"

晓雅:"明白了,访谈其实就是有技巧地跟用户聊天,套用户的话。"

我:"像你这么聪明,不做产品经理真是太可惜了。做完访谈,产品经理还要整理访谈资料,得出结论并与同事分享。我做了一份文档,列出了用户访谈的详细流程,你回去仔细读一读吧。"

晓雅:"好的,谢谢三科老师。"

❓ 思考与练习

做一次完整的用户访谈,准备好访谈问题,找到 10 个目标用户进行访谈,最后制作一份完整的用户访谈报告。

用户访谈流程

1. 设计访谈问卷(见表 3.1),访谈问卷包括访谈对象的基本信息,以及你要问的问题。基本信息通常包括:姓名、年龄、职业、工作时间等。要问的问题就是我们之前聊过的访谈问题。

表 3.1 访谈问卷

基本信息		
姓名: 年龄: 职业: 工作时间:		
编号	问题	回答
1	你一般多久网购一次?	
2	双十一的时候,你在淘宝共购买了多少件商品?	
3	你是通过哪些渠道找到这些商品的?	
4	这些渠道能满足你的购物需求吗?	
5	双十一之前,你会跟"闺密"分享一些值得买的商品吗?你们是怎么交流的?	

2. 记录访谈结果,逐条记录用户的访谈内容,可以整理记录到一个固定表格里,方便查看。

3. 制作调查报告 PPT。假设我们调查了 20 位用户,最后应该给出这次调查的报告。产品经理通常会把调查到的信息和数据制作到 PPT 中,以可视化的方式表现出来,方便向项目组成员展示,比如像图 3.2 这样:

图 3.2　用可视化的方式来展示调查数据

除此之外,你还可以用下面这些可视化的方式展示:

访谈人群的网购频率分布

访谈人群在双十一购买的商品数量

访谈人群获取商品信息的渠道分布

访谈人群在双十一前与"闺密"分享商品的比例

各种分享商品方式的比例

PPT 的最后几页还可以放一些从用户那里收集到的其他信息,帮助大家建立对用户群体的生动理解。

用户画像

做完需求调研后,产品经理还要提炼用户画像。接下来我打算和晓雅聊一聊什么是用户画像,它有什么用途。我还会指导晓雅制作一份用户画像,帮助她加深印象。

我:"接下来我们要提炼用户画像。"

晓雅:"什么是用户画像?"

我:"用户画像是对典型目标用户的描述。产品经理做完需求调研后,要把典型目标用户立体地描述出来,这样那些没有参与需求调研的同事才能明白新功能是做给谁用的,他们有哪些显著的特征。这个工作叫提炼用户画像。有了用户画像,项目组在讨论产品功能、设计方案、产品文案时就能达成一个基本的共识,避免无谓的争论,从而保证项目顺利推进,节省时间。"

晓雅:"明白了,那要怎么提炼用户画像呢?"

我:"提炼用户画像要借助用户访谈和用户调研收集到的样本和数据,从众多样本和数据中抽离出典型用户的特征,制作出几个虚拟的用户形象来。"

晓雅:"原来是这样。"

我:"用户画像通常包括用户照片、姓名、性别、工作岗位等信息,最好还附上一段对用户性格和特点的描述,这是为了更鲜明地展示出典型用户的形象。"

晓雅:"我大概明白了,做用户画像的目的是让你身边的同事对典型用户产生感性的认识。有了这个具体的人物形象,大家就知道是什么样的人要用我们开发的新功能了。"

我:"没错。我们就以分享购物车清单这个功能为例来提炼一下用户画像吧。你先思考两分钟,然后把你想到的内容在纸上写出来。"(见图 3.3)

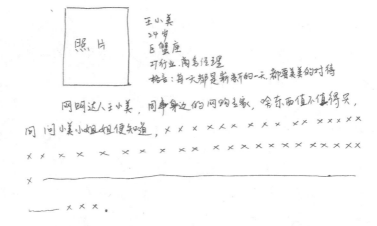

图 3.3　在纸上提炼用户画像

晓雅："基本信息像这样写可以么？"

我："可以。"

晓雅："该怎么描述人物的特点呢？我写了几句就写不下去了。"

我："你觉得小美是个什么样的人？"

晓雅："我觉得小美是这样一个人：爱生活，工作上进，经济适用型的网购达人。大家拿不准该不该买东西的时候，都会问她。她生活上没有什么压力,由于工作的需要,经常购买新衣服,对社交有要求。这样写可以?"

我:"人物的描述要尽量做到具体地刻画,让人读完后能够产生立体的印象。比如你可以这样写:由于工作需要,小美每个月至少要买两套衣服、一双鞋子,你很难在两周内看到小美穿同一套衣服。单身又是北京本地人的她,业余生活总是很丰富。她性格开朗活泼,每次出马谈业务合作,总是能轻松将对方拿下。小美每年双十一恨不得把明年一年的东西都买了,一到十月份,她就会四处打听有没有值得买的东西。"

晓雅:"三科老师果然厉害,您这样描述,小美这个人物的形象一下子就变得鲜活起来了,仿佛这个人就在身边一样。"

我:"人物描述要尽量贴近生活。项目组的同事如果看到这份描述,对目标用户就有了清晰的印象。这就是一个典型的用户画像。"

晓雅:"明白了,谢谢三科老师。"

我:"我们刚才只是在纸上打了草稿。我一般推荐初学者先在纸上把自己的想法记录下来。以后再完善细节。等到必要时,再学习更复杂的制作文档的工具,这样可以降低学习的难度。先掌握产品经理工作的方法,再去学习产品经理这份工作需要用到的相关工具,分开学习,心里就比较有底,要不然同时学习两个新东西,很多人会比较慌。"

晓雅:"我懂了,我回去把这份用户画像整理到 PPT 中,做成正式的用户画像。"(见图 3.4)

姓名:王小美
年龄:25
星座:巨蟹座
职业:IT行业商务经理
格言:每一天,都是崭新的一天,都要美美地对待

网购达人王小美,同事身边的网购专家,啥东西值不值得买,问问小美小姐姐便知道。由于工作需要,小美每个月至少要买两套衣服、一双鞋子,你很难在两周内看到小美穿同一套衣服。单身又是北京本地人的她,业余生活总是很丰富。她性格开朗活泼,每次出马谈业务合作,总是能轻松将对方拿下。小美每年双十一恨不得把明年一年的东西都买了,一到十月份,她就会四处打听有没有值得买的东西。

图 3.4 用户画像

我："一般来说，我至少会制作三份用户画像，放到用户访谈汇总的 PPT 里，一起展示给大家看。"

晓雅："明白了。"

思考与练习

根据你采访的 10 个目标用户，试着制作三份用户画像。

竞品分析

通过前面的学习，我们了解了从发现需求到提炼用户画像的四个步骤。接下来我要跟晓雅讲讲需求确立阶段最重要的一课：竞品分析。

我："今天我们来聊聊什么是竞品分析，它的四个要点是什么，最后给你看看我写的一份竞品分析。"

晓雅："那太好了，我听说写竞品分析是产品经理最重要的技能之一。"

我："没错。做竞品分析的目的是看你想要做的新产品和新功能业内之前有没有人做过，别人是怎么做的。借此扩展你自己的设计思路。"

晓雅："做竞品分析可以扩展设计思路？"

我："是的。如果你发现你想做的功能已经有人做过了，经过比较，你往往能从别人那里学到新的东西，开阔思路。毕竟别人经过几个版本的迭代、修改，肯定解决了一些你想不到的问题，只要你善于学习，就能少犯错误。"

晓雅："万一这个功能还没有人做过呢？那我是不是太厉害了。"

我："那你更要小心了。说不定这个功能别人早就想到了，而且做过调研，结果发现没有实际需求，所以才没有做。假设咱们打听到京东早就做过这方面的调研，但是没有立项，那就要格外小心了。如果真的没有实际需求，那你连用户调研都不用做了，这叫做看别人踩过的坑，涨自己的经验。"

晓雅："啊，原来是这样啊。吓得我出了一身冷汗，幸亏有三科老师提醒，要不然我很可能要走别人走过的弯路。"

我："确实要小心，但是你也不能轻易放弃。"

晓雅："那我应该怎么做呢？"

我："你应该进一步打听对方是什么时候做的调研，用的是什么方式，调查的样本数量是多少，得出的具体结论是什么……"

晓雅："明白了，就是要问到底。如果对方是几年前做的调研，或者没有调查到目标用户，又或者使用的调查方法不对，那么我们也许还有机会！"

我："没错。刨根问底也是产品经理必须具备的能力之一。遇事独立思考，不要轻信别人的观点，然后大胆验证，做出自己的判断，才能一步一步得到可信的结果。"

晓雅："嗯嗯，谢谢三科老师指点。可万一真的没人做过这个功能，那我是不是就不用写竞品分析了？"

我："是的，如果没人做过，你就没法写竞品分析了。为了教你怎么写竞品分析，我们假设这个功能已经有人做过了。你知道做竞品分析的基本步骤吗？"

晓雅："不知道呢。"

我："第一，要明确做竞品分析的目的是什么，要解决什么问题。比如，你想做分享购物车清单的功能，就是要解决你在淘宝上购物时遇到的问题。"

晓雅："嗯，这个我懂，那接下来呢？"

我:"第二,要明确竞品分析的对象,也就是挑选对比的产品。我通常会选择与细分行业里排名前二(或前三)的产品进行对比,比如,我们想在淘宝 App 上做分享购物车清单的功能,就可以用天猫和京东的 App 来做对比。第三,要具体对比某个功能,比如把不同产品的同类功能的截图放在一起对比,指出其中的差异。第四,分析总结,给出自己的观点,建议接下来应该怎么做。"

晓雅:"步骤我大概清楚了,那标准的竞品分析格式是什么样的呢?"

我:"首先应该有一个清晰的目录,让看的人了解竞品分析的思路。竞品分析是写给上级和团队成员看的,帮助他们理解产品与竞品之间的差异。好的目录能够让大家快速捉住重点。"

晓雅:"写完目录之后呢?"

我:"你觉得呢?"

晓雅:"是不是应该交代做竞品分析的目的,以及说明挑选某某产品作为竞品的原因,然后具体对比功能和细节,是这样么?"

我:"这个思路大体上是对的。竞品分析的内容通常分为四个部分:项目背景、竞品概述、功能对比、总结。

项目背景　主要是交代做竞品分析的目的,一定要做到言简意赅,把事情说清楚,切忌讲假大空的套话;

竞品概述　告诉大家挑选竞品的理由和原因。必要时应该给出每个竞品的体量(用户数量、下载次数等),体量反映了竞品的受欢迎程度,这些数据对看报告的人来说是很重要的参考资料。

功能对比　是竞品分析的主要内容,你可以把同类功能的截图并排放在一起,简单描述各个产品的优点和缺点,方便大家做比较。必要的话,还可以把对比的模块用红框标注出来,这样方便大家查看。注意,功能对比的描述应该做到言简意赅,切勿拖泥带水,因为看你报告的人通常都用过这些竞品,你不需要长篇累牍地介绍产品背景和细节。

总结 给出你的观点，说出你从竞品分析中得出了什么结论，给出明确的建议（接下来应该怎么做）。如果可能的话，可以事先请身边的同事也使用一下要对比的产品功能，记录他们的使用感受和建议，作为接下来应该怎么做的参考。千万不能以为做完竞品分析就完成任务了，那就太敷衍了，会让人觉得你没有认真做。"

晓雅："等等，三科老师您说的写法和我在知乎上看到的写法不一样呢。"

我："怎么不一样呢？"

晓雅："知乎上有一个教人怎么找实习机会的帖子，它教大家按照《用户体验要素》里的战略层、范围层等理论去做竞品分析。三科老师您似乎强调只针对一两个功能做对比。"

我："他那种写法是理论化的写法。我们在实际工作中几乎很少对整个 App 做全面的分析。比如，我的工作内容之一是定期做竞品分析（跟踪竞争对手的产品），发给整个项目部的同事看。由于同事对竞争对手和整个行业都比较熟悉，我就可以略过战略层面的分析，只抓住竞品最新版本的一两个功能做分析。目的是提醒大家出现的新变化，告诉大家应该如何应对。"

晓雅："我明白了，实际工作中做竞品分析都是以解决具体问题为导向的。"

我："没错，这样做也是为了节省大家的时间，现在都提倡敏捷开发、快速迭代，时间很宝贵。"

晓雅："原来做竞品分析还有这么多门道啊！"

我："是的。通过做竞品分析，产品经理能够锻炼自己的分析和思考能力，是一件很有意义的事情。"

晓雅："明白了。那我怎么才知道自己写得好不好呢？"

我："你写完后，一定要给行业里的专家看看，征求他们的意见，然后再改进。"

晓雅："可我不认识这方面的专家。"

我："你可以发给我看呀。你结合今天讲的这几点，试着

写一份分享购物车清单的竞品分析吧。"（参见附录）

晓雅："好的。"

❓ 思考与练习

试着针对你不满意的某个 App 功能，写一份竞品分析。

梳理功能

通过上节内容的学习,我们完成了一份竞品分析,知道了天猫和京东的 App 已经有了分享购物车清单的功能,得出的结论是淘宝购物车可以在小范围内测试这个功能。那么这个分享购物车清单的功能具体该如何实现呢?它还需要哪些更小的功能来支撑呢?这些更小的功能的优先级该如何排序呢?接下来,我们将借助思维导图来解决这些问题。

本节我将给晓雅讲解什么是思维导图,做思维导图要注意什么,并向她展示一个真实的思维导图案例,帮助她加深印象。

我:"晓雅,你觉得做完竞品分析,接下来该做什么工作呢?"

晓雅:"可以开始画原型了吧。"

我:"还早着呢。我们现在只是决定尝试做这个新功能,但是具体要实现哪些细节还没有确定。接下来,我们应该对它的子功能做进一步的梳理，为画原型做准备。"

晓雅："我们要做的功能不是很清楚了么，还要梳理什么呢？"

我："打比方说，你在家里请朋友吃饭，准备做八个菜。这八个菜是什么呢？列个清单出来才方便自己和家人理解，这样大家分工合作，准备食材的效率会更高，而且不容易出错。"

晓雅："明白了，那要怎么梳理呢？"

我："这个时候思维导图就派上用场了，思维导图很适合用来梳理产品的功能和细节。它可以帮助产品经理把产品功能用结构化的方式表现出来，而且不容易遗漏，同时也方便其他人查看和理解。"

晓雅："有点抽象，不过我大概明白一点了。"

我："嗯，我们还是先在纸上试着画一画吧。"

晓雅："画思维导图不是有专门的工具么？为什么要在纸上画？"

我："这跟之前提炼用户画像是一个道理，在纸上画最方便、效率最高、成本最低，就算你不会用画思维导图的工具也没关系。我们先把草图画好，至于具体用什么工具画思维导图，反而不那么重要。"

晓雅："明白了。"

我："你先想想，我们应该怎么对分享购物车清单这个功能进行分类呢？"

晓雅："是不是按用户的操作顺序把每个操作步骤一步一步列出来？"

我："你说得没错，那么用户有几类呢？"

晓雅："用户还要进行分类吗？"

我："你想想看，分享自己淘宝购物车清单的人和接收分享的人，他们的操作是一样的吗？"

晓雅："哦，我知道了，用户可以分成分享的用户和接收的用户。"

我:"你真聪明。第一步确实是把用户分成分享者和接收者,因为两者的需求不同,使用时的操作步骤也不同。你想想分享者和接收者都有哪些操作步骤?"

晓雅:"分享者要选择商品,然后发送给好友;接收者要打开消息,查看好友分享的商品清单,还可以查看商品详情,也可以直接把商品清单添加到自己的购物车里。"

我:"你分析得很好,大致就是这样。注意画思维导图的关键是要把两种角色用户需要的功能全部罗列出来。咱们先在纸上画一画吧。"(见图 3.5)

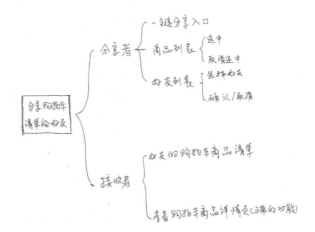

图 3.5 在纸上梳理产品功能

晓雅:"三科老师想得比我细致,画出来就清清楚楚了。"

我:"画思维导图除了拆分产品功能,你还应该考虑每一个功能的重要性,排出优先级,哪些功能优先级高,应该第一期实现,哪些功能优先级低,可以放在第二期实现。"

晓雅:"明白。"

我:"在构思阶段,尤其是和同事一起讨论时,在纸上画草图是最方便的方法。画好草图后,如果你想长期保存,或者想发给其他同事看,可以再用专业软件做成思维导图。"(见图 3.6)

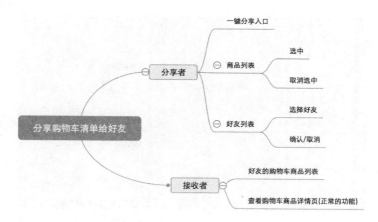

图 3.6 用思维导图梳理功能

? 思考与练习

针对你不满意的某个 App 功能，用思维导图画出你想实现的功能，注意区分用户角色。

绘制流程图

上一节，我们学习了用思维导图梳理产品功能。使用思维导图的优点是让我们的思考变得更严谨，不容易遗漏细节。梳理完产品功能，产品经理还要整理出用户使用这些功能的先后顺序，这个就是流程图。接下来，我要跟晓雅聊聊什么是流程图，以及怎么画流程图。

我："用思维导图梳理完产品功能后，我们就确定了功能要点，但只是把功能要点列出来还不够。"

晓雅："那还要做什么呢？"

我："我们还要进一步细化这些功能的流程。好比说，我们之前只是把八个菜的清单列出来了，但是每个菜怎么做还没确定，现在我们要把做出这八个菜的条件和步骤也确定下来。这些条件和步骤用图画出来就是我们常说的流程图 。"

晓雅："这么一说，要把产品做出来，画流程图很有必要呢。"

我:"是的,画流程图的主要目的是梳理业务流程,确定用户使用产品(或服务)时的所有关键节点和条件,方便其他部门的同事快速了解业务流程和可能出现的产品使用步骤,避免遗漏细节。"

晓雅:"可我不会画流程图。"

我:"没关系,我示范给你看。画流程图并不难,关键是要确定流程中的每个节点。以分享购物车清单的用户流程图为例,分享流程有几个要点:

1.用户是流程图的起点;

2.用户抵达的第一个页面是购物车;

3.购物车有'分享'的按钮;

4.点击'分享'后,出现商品选择确认页面;支持'取消'商品的勾选;

5.用户点击'确认'后,出现好友筛选列表;

6.在好友筛选列表中，选中某个好友，出现'确认'和'取消'按钮；

7.用户点击'确认'后，把选择好的商品清单发给好友。

我先在纸上画分享者的用户流程图给你看看。"（见图3.7）

晓雅："好。"

我："草图画好后，接下来，我们再使用绘图软件（Axure或Visio）画出正式的用户流程图。"（见图3.8）

晓雅："用绘图软件画出来的流程图好清晰，感觉好专业的样子。"

我："嗯，你回去可以试着把接收者的流程图画出来。"

晓雅："好的，我试试看。"

思考与练习

试着把你想实现功能的用户流程图画出来。

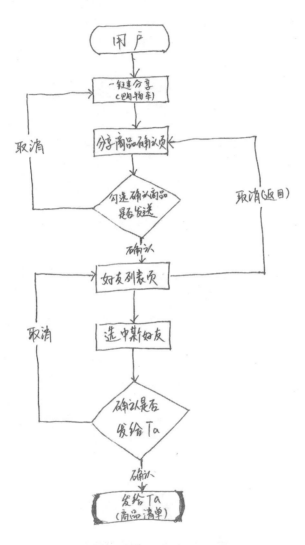

图 3.7 在纸上画分享者的用户流程图

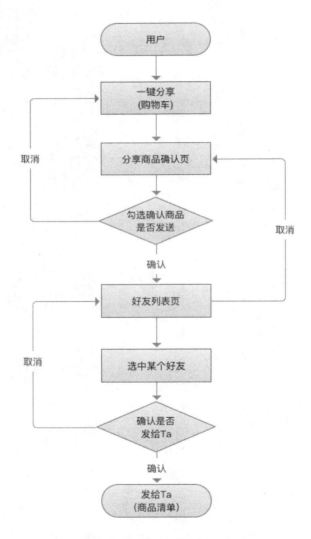

图 3.8 正式的用户流程图

产品原型

做竞品分析让我们知道其他公司是如何实现类似功能的，而制作思维导图和流程图可以让我们梳理出产品每个页面的功能和跳转方式。接下来我们要把这些工作成果用更直观的方式展示出来，方便其他部门的同事理解。这一步就是制作产品原型。

产品经理的整个职业生涯都离不开产品原型，因此制作产品原型是产品经理必须掌握的工作技能之一。接下来，我要跟晓雅聊聊什么是产品原型、产品原型的分类，以及制作产品原型的要点。

我："今天我们来讲讲产品原型。"

晓雅："嗯嗯，我一直想学制作产品原型呢。"

我："你知道产品原型是做什么用的吗？"

晓雅："我理解软件的产品原型就是把设计的功能用可视

化的方式展示出来，方便你与其他人沟通交流。"

我："没错，那你知道为什么不能一开始就制作产品原型吗？"

晓雅："我知道，因为那样容易出错呀。"

我："对。我们之所以要先做需求调研、写竞品分析、画思维导图和流程图是有原因的。

做需求调研的目的是确定你要做的事情是有意义的；

写竞品分析的目的是纠正和完善你的产品构思；

画思维导图是为了毫无遗漏地梳理产品功能的细节和状态，并排出用户需求的优先级；

画流程图的目的是梳理业务流程和用户使用流程。

只有做好了前面这些工作，我们才有把握制作产品原型，否则你制作的产品原型很可能会纰漏百出，甚至连累同事做无用功。"

晓雅："明白了。"

我："再考考你，你知道一份合格的产品原型有哪些要求吗？"

晓雅："是画得越像越好吗？"

我："嗯，这是其中一点，还有几点：

1. 直观，易于理解。产品原型是要给其他部门同事看的，越直观越好，最好是你不解释，别人就能看懂；

2. 符合规范。常用功能都有惯用的控件和图标，画原型时应该尽量选用标准的控件和图标，这样别人一看就知道是什么；

3. 尽量使用黑、白、灰的研发色，这样做才不会干扰 UI 设计师的设计。产品原型主要是用来展示功能，把产品功能和逻辑表达清楚就行，颜色太多反而影响大家的理解。颜色的挑选和搭配是 UI 设计师的工作；

4. 功能完整，各种状态都考虑到。这样设计师、研发人员、测试人员才能充分理解产品，对特殊状态做到心里有数，做好预案。"

晓雅："制作产品原型的讲究还真多呀！"

我："是的，咱们来试着画一画分享购物车清单的原型。"

晓雅："好的，还是先在纸上画吗？"

我："是的，你学得真快。我先画草图，然后给你讲解几个要点。"（见图3.9）

晓雅："好的。"

我："我画的这张图是分享购物车清单的前三步。左边是购物车界面，这里只要先照着淘宝App的购物车界面画就行了。我加上了分享入口。大多数App的分享按钮都放在其右上角，我们也这样做。现在的购物车有一个管理入口，因为分享是一个新功能，我们不妨把它放在管理入口的旁边（左侧）。注意这里我画的是分享图标，图标往往要比文字表达更加直观和清晰。你有问题要问吗？"

第三章　一个完整的产品案例 | 121

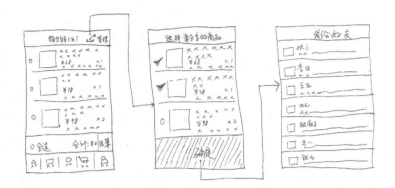

图 3.9　在纸上画产品原型

晓雅："没有。"

我："好的。点击分享图标，就会进入中间的界面。中间的界面是选择分享商品的页面，在这里选择要分享给朋友的商品。注意，用户可以随时选择取消，返回上一个页面。选定要分享的商品后，点击'确定'会进入下一步。注意，我把'确定'按钮放在了页面底部，这里参考了常见的设计。放在页面底部，用户更容易操作，因为这个页面的核心作用就是引导用户点击'确定'，进入下一步。你明白了吗？"

晓雅："嗯，三科老师画得很清楚。"

我:"点击'确定'后会进入第三个界面。第三个界面是选择好友的界面,也就是选择分享给谁。注意,用户选择好友后,应该弹出一个'确定'按钮,防止用户误操作选择了不想选的人。我只画了分享购物车清单的前三步,后面的步骤就留给你去画吧。"

晓雅:"嗯,好的。三科老师,我有个问题。"

我:"你说。"

晓雅:"我看你画得很快,好像不费力似的。但是我觉得要让我自己画,还是没有头绪,不知道该怎么画。"

我:"嗯,凭空画确实比较困难。新手可以多使用同类产品,看看主流的App是怎么实现类似功能的,在其他App的基础上修改,比自己从零开始画要容易得多。说白了,就是要先学会借鉴别人的经验。乔布斯曾引用毕加索的话说:拙工抄,巧匠盗。要善于向已有的产品学习,如果你能做到模仿而不出错,就比很多产品经理做得好了。"

晓雅:"嗯,我明白了,我先从模仿做起。"

我："对的。另外，画原型时会用到许多现成的控件，应该尽量使用标准的控件，这样你不仅画起来简单，别人也容易理解。制作原型的工具都会说明如何选择控件、按钮用什么控件、图片区域用什么控件，等等，这些都是有标准的。另外，控件应该怎么摆放也可以多借鉴同类 App 的做法，这主要是为了尊重用户习惯，不做无用的创新。看多了你慢慢就有经验了。"

晓雅："好的。我听说很多人用 Axure 画原型，三科老师您也用 Axure 画原型吗？"

我："我现在习惯用墨刀（modao.cc），这个工具除了具备 Axure 所有主要的功能外，还有几个明显的优点：

1. 提供很多完整的原型模板，其中不乏成功的案例，方便用户随时查看；

2. 可以在线共享原型，假如你在共享的原型上做了修改，同事们刷新一下页面就可以看到更新的内容，我特别喜欢这个功能！

3. 官网提供十几个教学小视频，每个两三分钟，新手花半天时间就能学会使用，做出漂亮的产品原型来。

4. 它是中国人自己做的，符合中国人的使用习惯。"

晓雅："墨刀这么好呀，我也想学。"

我："墨刀确实做得很棒。你看，这是我用墨刀制作的产品原型。（见图3.10）"

晓雅："这就是产品原型呀，看起来就像真的App一样！"

我："是的，看上去几乎可以以假乱真。如果你点击分享的按钮，还会调出相应的功能，引发页面跳转。"

晓雅："真有意思，我回去立刻试试。"

我："嗯，你回去试着把余下的步骤都画出来吧。"

晓雅："好的。"

分享购物车清单的产品原型

第三章 一个完整的产品案例 | 125

购物车增加分享入口　　点击分享后，选择分享商品　　选择要分享的好友

确认分享　　　　　　　发送给好友　　　　　　　好友打开清单

图 3.10　用墨刀制作的产品原型（部分）

❓ 思考与练习

1.在纸上画出你想改进的 App 功能。

2.用墨刀把草稿上的功能做成交互图,发给之前访谈过的用户试用,收集他们的反馈意见。

产品需求文档

通过前面的学习，我们对于产品的功能和流程都有了大致的了解，并且制作了产品原型。今天我们要在这些工作的基础上，学习写产品需求文档。

我："晓雅，你知道产品经理要提交什么东西给其他部门的同事作为开发和测试的依据吗？"

晓雅："是产品原型吗？"

我："产品原型只是一部分，更重要的东西是产品需求文档。"

晓雅："什么是产品需求文档？"

我："产品需求文档也就是我们经常说的 PRD，它是把待实现功能用书面化的形式表达出来。产品需求文档是开展整个项目的依据，UI 设计师、研发工程师、测试工程师、运营的同事都会参照它来开展工作。尤其是设计和研发部门的同事，他们的工作完全是按照需求文档来进行的。文档中任何一个产品细节考虑得不周全，都可能导致他们做无用功，甚至多次返工。"

晓雅："这么重要呀。"

我："是的，产品经理要是写不好需求文档是会被其他同事骂的。"

晓雅："好惨。那需求文档要怎么写呢？"

我："需求文档通常有两种写法，一种是传统的文档写法（通常用 Word 来写，包括目录、综述、产品结构、产品功能等内容）；另一种是在一张比较大的画布上，把一张张产品原型的截图放上去，然后在旁边写上注释。"

晓雅："三科老师您习惯用哪一种写法呢？"

我："我刚入行的时候，大家使用 Word 写文档的情况比较多；后来进入移动互联网时代了，产品开发的周期越来越短，一两周就迭代一次，写 Word 文档就太费时间了。现在我们都是画一张大图，把产品原型的截图依次放上去，在旁边写上注释。

这样效率高很多，同事们查看也方便。"

晓雅："嗯嗯，听您这么说，我应该更喜欢采用第二种方式。"

我："是的，我通常都会推荐初学者使用第二种方式。我在优信集团几十个产品经理中推广这种画图的方式，大家都觉得这样做更快捷、更高效了。"

晓雅："那三科老师用什么工具来画图呢？"

我："我还是习惯用墨刀。墨刀新建画布时可以设置画布尺寸，你可以设置得大一点，然后把用墨刀制作的原型图粘贴到画布里，用起来很方便。"

晓雅："好的，我回去试试。那给原型写注释时要注意些什么呢？"

我："给原型写注释的目的是要把产品的使用逻辑说清楚，方便同事理解。因为有些信息仅仅靠图片是传递不了的，需要产品经理做进一步的解释，这样才不会产生歧义。比如，我们要新增一个'分享购物车清单'的按钮，用户点击按钮后会发生什么、页面会如何跳转、新打开的页面上应该有什么功能等，这些产品经理都要考虑清楚。我的习惯是按页面出现的顺序，一个功能一个功能地逐个来写，这样不容易遗漏。"

晓雅："明白了。三科老师，写完产品需求文档是不是也可以找要好的同事先看看，就像画产品原型那样？"

我："是的，你真聪明。产品需求文档一定要让研发和测试部门的同事看懂。你写完初稿后，最好先发给要好的同事看看，请他们帮你改改，直到改到没有他们理解不了的地方为止。"

晓雅："嗯嗯，谢谢三科老师表扬。"

我："产品经理多找其他部门的同事沟通还有一个好处，你们在文档的画法上也会形成默契，进而形成一种文档规范。比如在我们团队里，大家都习惯从左至右，从上至下来看产品需求文档，不同的功能页面依次从左向右摆放，同一功能的不同状态页面则依次从上往下摆放；还有，所有评审文字和修正的内容一律用红字写在注释里；形成这种默契后，跟你对接的同事阅读和理解产品需求文档就会非常容易了。"

晓雅："嗯嗯，我记住了。"

我："今天讲的是制作产品需求文档的要点。我用墨刀制作了一份完整的产品需求文档，你回去看看，结合今天讲的内容，自己做一份完整的需求文档吧。"

晓雅："好的。"

一份完整的产品需求文档

（文档较大，建议在台式机上打开查看）

? 思考与练习

1.试着在产品原型的基础上写需求注释；

2.用墨刀制作一份完整的产品需求文档。

需求评审

通过前面的学习和练习，我们完成了产品需求文档，接下来，就该进行需求评审了。所谓需求评审，就是项目组所有人员聚到一起，听产品经理阐述到目前为止的工作成果（主要是产品需求文档），给产品经理提意见。

接下来我打算跟晓雅聊聊开展需求评审时需要注意的问题。

我："晓雅，你知道写好需求文档之后，产品经理接下来要做什么吗？"

晓雅："是准备需求评审吗？"

我："是的，那你知道开展需求评审的目的是什么吗？"

晓雅："是不是解答大家对新需求的疑问？"

我："差不多，开展需求评审的目的是向项目组阐明需求是什么、它的价值在哪里、对业务有什么影响、如何实现，以及实现后可以达到什么效果，等等。"

晓雅："明白了。简单说就是告诉大家咱们打算做什么，请大家看看靠不靠谱。"

我："没错。那你知道产品经理在参加需求评审时需要注意什么吗？"

晓雅："我没做过，请三科老师指教。"

我："你阐述自己的想法时，同事们随时有可能会打断你，你必须想法回答他们的疑问。所以在正式评审之前，产品经理自己先要反复思考大家可能会问哪些问题，做好准备。"

晓雅："具体要怎么准备呢？"

我："我自己用的办法是针对每一个需求、策略、细节、状态，都问自己三个问题。"

晓雅："哪三个问题？"

我："严格来说，是三组问题：

第一，什么人在什么情况下会使用这个功能？他想解决什么问题?

第二,竞品是怎么做的?为什么?他们是怎么考虑的?我们跟他们的差异点在哪里?

第三,如何衡量这个功能的优劣?(每天有多少人用了这个功能,有多少人点击页面?)"

晓雅:"这样考虑过后,就不会被问倒了吗?"

我:"也不是,评审时总会遇到一些你没考虑到的问题。不过有准备跟没有准备差别还是很大的,如果你事先不做准备,评审时场面很可能会失控。"

晓雅:"嗯嗯,要是遇到回答不了的问题该怎么办呢?"

我:"哈哈,我正想说这个。对产品经理来说,需求评审是一个很好的锻炼演讲的机会。这可能是你第一次当众演讲,而且听众随时可能打断你,质疑你的想法和逻辑。我的办法是尽量放松心情,别人提问后不着急回答,先考虑三秒,如果确实没有考虑到这个问题,而且不知道该怎么处理,就大方地承认你还没想到怎么回答这个问题。不要为了面子硬撑,更不要跟对方争论。你可以说会后再仔细考虑，然后继续演讲，毕竟很多人还在等着，评审会还得继续下去。"

晓雅："就是不要因为自己失面子而恼火，大胆承认疏忽就行了。"

我："没错。"

晓雅："看来做产品经理久了还能提高人的修养呢。"

我："是这样。当然，谁也不希望自己被人问住。为了尽量避免这种情况发生，我还有一个小技巧。"

晓雅："快说说。"

我："在实际工作中，我会提前找几位跟我关系比较好的研发同事，对每个人讲解一遍需求文档，根据他们的意见完善产品原型。这样在全员评审的时候，就不至于受到太大的质疑。"

晓雅："嗯嗯，这个办法好。相当于事先沟通，提前消灭问题。"

我:"没错。"

? 思考与练习

试着把需求文档的内容对自己讲一遍。再试试不看文档能不能完整地讲下来,记录自己卡壳的地方,想想应该怎么改进。

项目管理

需求评审通过后，就该开始安排大家干活，进入项目管理阶段了。接下来，我要跟晓雅聊聊项目管理的要点。

我："晓雅，你知道需求评审通过后产品经理该做什么吗？"

晓雅："是不是就可以等着新功能上线了？"

我："哪有那么轻松？产品经理还要督促项目进度。"

晓雅："这项工作不是应该交给项目经理做吗？"

我："理论上，这项工作是应该由专职的项目经理来承担，但是，国内的现实情况是这个活基本都是由产品经理兼任的。我服务过的几家公司里都没有项目经理这个职位。"

晓雅："这样呀，那项目管理具体要做些什么呢？"

我："首先你要确定项目工期。具体来说就是跟技术负责人、设计负责人、测试负责人沟通，请他们在两三天的时间里给出各自负责部分的项目工期。"

晓雅："就是先了解大家多长时间可以把活干完？"

我："没错。"

晓雅："然后呢？"

我："等各个负责人把工期反馈给你后，你要根据项目的具体情况来统筹排期，包括跟各个负责人进一步商定本期功能的开发、测试的周期，从而最终确定项目上线时间。"

晓雅："听起来好繁琐。"

我："是的，这项工作需要极大的耐心。从评审通过到项目上线，产品经理要与其他同事进行大量的沟通，你至少要做到：

1.与设计部门沟通，确认设计稿，确定排期；

2.与技术部门（包括客户端、H5、API、AI 等）沟通，商量合理的方案，确定排期；

3.与测试部门沟通需求，确认测试用例，确定测试周期；

4.与运营方沟通，确定上线时间和上线需要的资料。

只有反复沟通，多次确认，才能让项目组的所有人都知晓项目的进展情况，确保信息传达无误，提前发现项目可能会出现的问题，最终确保项目如期顺利上线。"

晓雅："这么多事情，是不是要想个办法记录一下呀？"

我："没错，为了让项目按照预先订好的时间正常推进，避免出错和遗漏，产品经理通常都会借助电子表格来管理项目。"

晓雅："用电子表格就够了吗？现在不是有很多项目管理的工具吗？"

我："我自己在工作中用 Excel 就足够了。"

晓雅："那这个表格要怎么做呢？"

我："我的习惯是把整个项目按照功能模块拆分成一个个的小功能，把它们记录到表格里，每一行记录一个小功能，请产品、设计、研发、测试的责任人给出完成该功能的工期,依次填到每一行里。所有小功能的工期确定了,整个项目的工期也就确定了。"

晓雅:"三科老师您有现成的项目管理表格吗?可不可以发给我看看?"

我:"我发给你,你回去再仔细看看。"

晓雅:"好的。"

项目管理文档示例

? 思考与练习

尝试制作一张项目管理表格,把你做的项目放进去。

测试、验收和上线

项目排期确定后,项目组就开始根据需求文档各自开展工作:设计师开始制作设计稿,研发工程师开始写代码实现需求,测试工程师开始写测试用例。假设这些工作都顺利完成了,项目就进入下一个阶段,我称为测试、验收和上线。接下来,我要跟晓雅聊聊这个阶段的工作。

我:"晓雅,你知道开发工作如期完成后,还有哪些工作要做吗?"

晓雅:"我觉得这时产品经理的主要工作已经完成了吧。"

我:"确实,这时产品经理的核心任务基本上告一段落,但接下来还是有很多事情需要产品经理的参与。"

晓雅:"还有哪些工作呢?"

我:"主要是三项工作:提测后的功能验收、UI 验收,以及准备上线用的资料。"

晓雅:"三科老师,什么是提测?"

我:"提测是提交测试的意思。研发工程师按照需求文档把功能开发出来,自己认为没问题后,会群发邮件给项目组,表示功能已经实现,等待测试验收。这就好比一幢大楼建成完工之前要验收一样。"

晓雅:"明白了,那功能验收怎么做呢?"

我:"首先,安装测试版的 App,完整的走一遍流程,看看系统是不是通畅;其次,要重点检查这一期新增的功能是不是符合设计要求,这里有三个要求:

1. 是不是严格按照需求文档来做的;

2. 交互功能是不是符合要求;

3. 数据的传输是否正确。

比如,假设我们要验收分享购物车清单的功能,首先,要安装测试版的 App,把所有流程走一遍,看看有没有卡壳的地方。其次,重点检查能否把选中的商品分享出去、好友看到的分享清单是不是跟对方发送的商品清单一致等,这就叫功能验收。"

晓雅:"明白了。"

我:"这些测试有专门的测试工程师来做,产品经理、UI设计师等从旁辅助。我们常说的 bug 就是指测试工程师在验收产品时发现的问题。他们会用专业工具把这个问题描述清楚,提交给相应的研发工程师,由研发工程师进行解决。这个过程我们通常叫提 bug 和解 bug。"

晓雅:"有意思。那 UI 验收又是什么呢?"

我:"UI 验收主要是由 UI 设计师来做,产品经理从旁协助。UI 设计师也会安装测试包,看看页面的布局、图标等是不是按照之前的设计来实现的,比如间隔有没有对齐、文字的字体是否正确、页面跳转是不是符合交互规范和用户习惯,等等。"

晓雅:"看来这个环节还挺重要的。"

我:"是的,产品从零到上线是一帮人紧密合作的结果。"

晓雅："这两个验收完成后，是不是就可以准备发布了呀？"

我："是的，功能验收和 UI 验收通过后，这个版本的 App 就可以上线了（也就是提交到各个应用商店）。你知道提交 App 的同时还需要提交哪些资料吗？"

晓雅："好像要提交界面截图吧，我自己下载 App 时也会先看看 App 长什么样。"

我："是的，App 的界面截图是必须提交的。不过光提交界面截图还不够。你想想还需要提交什么？"

晓雅："还有更新说明吧，好让用户知道新版本又增加了什么新功能。"

我："没错。除了要提交 App 的界面截图和更新说明外，一般还要提交 App 的图标、关键词、商店截图、应用介绍。这些都是上线前要准备好的。"

晓雅："明白了。"

我："有些资料每次提交的都一样，比如 App 的图标，一般不会变化；有些资料则需要根据版本变化做调整，比如更换有利于搜索的关键词、可以提高转化率的商店截图等。"

晓雅："嗯嗯，这些都是产品经理准备吗？"

我："是的。准备上线用的资料这项工作一般是由公司的初级产品经理来做的。为了避免遗漏，我们公司习惯在项目管理表格的底部加上一栏，注明要准备哪些资料。"

晓雅："这是个好办法，免得忘了。三科老师，我听说产品上线后，产品经理还要写上线邮件。这个邮件要写什么呢？"

我："哦，App 审核通过后，产品经理习惯上会群发一封邮件，告诉大家这个版本更新了什么功能，解决了什么问题，同时感谢项目组的所有同事。公司一般都有现成的上线邮件模板，你在模板的基础上修改就行，没必要花太多的精力学习。"

晓雅："好的。"

? 思考与练习

以你设想的新功能为对象,梳理一遍验收和上线环节要做哪些事情。

版本迭代

产品上线后,产品经理的工作还没有结束,还要继续收集用户的反馈信息,分析产品数据,为下一个版本上线做准备。接下来,我要跟晓雅聊聊这方面的工作要点。

我:"晓雅,你知道 App 通过应用商店的审核后,产品经理接下来要做什么吗?"

晓雅:"是不是可以接着做下一个版本了?"

我:"没那么快,做下一个版本之前,先要收集用户的反馈信息,分析产品数据。"

晓雅:"具体要做些什么呢?"

我:"收集用户反馈就是要看看 App 上线后用户对新功能的反应,大家用得怎么样。"

晓雅:"那要到哪里去收集呢?"

我："一般 App 都有意见反馈的功能，用户可以在这里提交反馈意见。产品经理可以定期在后台看看有没有与新功能有关的反馈意见。除此以外，还可以去应用商店的 App 页面查看用户的评论，或者去微博上搜索与产品有关的用户反馈。收集用户的反馈信息特别能锻炼新人对产品的感觉。"

晓雅："好的，那么怎么分析产品数据呢？"

我："以咱们的分享购物车清单为例，首先，可以看看新功能的入口点击量是多少，这个入口与其他入口相比如何，如果能拿到竞品的对比数据就更好了。要是入口点击量偏低，那很可能是因为新功能的入口设计不合理。其次，可以看看这个分享功能带来的转换率（如一次分享后，商品被好友加到购物车里的数量与分享商品总数量的比例等）。这些指标通常都是产品上线之前就确定好的。"

晓雅："感觉好专业啊，会不会很难啊？"

我："对于新人来说确实有些难，因为不同的业务关注的指标不一样。我建议你提前跟上级以及数据部门的同事定义好衡量指标，上线后只要跟踪这几个指标就行。主要是看新功能是否达到了预期的标准，如果达不到，要想办法优化，如果超出预期，可以想想怎样可以做得更好。这些就是分析数据的主要工作。"

晓雅："这样呀，那在哪里可以看到这些统计数据呢？"

我："大公司一般都有自己的统计系统。如果是小公司，可以借助市面上流行的统计工具，比如统计 App 数据的友盟、诸葛 IO 等，他们都有比较完整的数据统计功能，操作起来也很简单。"

晓雅："三科老师，我还是不太清楚具体要怎么分析，能不能再举个例子？"

我："我给你讲一种常用的数据分析方法吧，叫漏斗模型，比如你可以把新功能的每一步重要操作作为关键节点，统计每个节点的数据，分析每一步的转换率。如果把这些数据从上往下排列，看起来就像一个漏斗，所以它叫漏斗模型。漏斗的收口越大，说明转化率越高。就拿我们这个项目来举例吧，假设上线后的数据是：

点击'分享'按钮：100人次

选好了，去分享：50人次

选中某一个好友：20人次

点击发送：10人次

那么新功能的整体漏斗转化率就为：10 / 100 = 10%。

转化率越高表示新功能越成功。这个方法的适用面非常广，几乎所有电商网站和App都在用它。以淘宝为例：

从淘宝首页到淘宝商品列表页

从淘宝商品列表页到商品详情页

从商品详情页到加入购物车

从加入购物车到付款

就是一个典型的电商漏斗模型，基本上所有电商产品经理的主要工作都是要努力提升这几组转化率。"

晓雅："嗯，三科老师这样讲我有点懂了。收集用户的反馈信息，分析完产品数据，是不是就可以准备做下一个版本了？"

我："差不多。在做上面说的这两件事情的同时，产品经理一般都会建立一个需求池，一边分析反馈信息和产品数据，一边思考接下来要实现的功能和要改进的地方。把这些需求排个序，排在前几位的就是下一个版本要实现的功能。给领导确认后，就可以开始下一个版本的工作了。"

晓雅："然后又开始新的一轮用户调研，重复之前的流程，对吗？"

我："是这样，这就是产品经理工作的一个完整周期，每做一个版本就重复一次。"

晓雅："我感觉产品经理要做的事好多呀。"

我："你刚开始接触这一行，可能有点畏难，等你工作一段时间后会慢慢习惯的。"

晓雅："嗯，我加油！"

我："恭喜你，你现在已经基本上掌握了产品经理的日常工作内容和方法了。"

晓雅："嗯嗯，谢谢三科老师！"

? 思考与练习

1.试着复述一遍产品从无到有的完整流程。

2.想想每一步流程中有哪些关键点？

第四章
转行路上，这 21 个坑不要踩

自从决定从销售转行做产品经理后，我用了五个多月的时间才找到第一份产品经理的工作。这期间我做了很多无用的事情，也学了一些没用的东西，浪费了不少精力和时间。现在回头看，我转行的过程中走了很多弯路，踩了不少的坑，值得后来人引以为戒。

后来，我在"在行"上约见了一百多位学员，我发现还有人在继续踩我以前踩过的坑。这让我很痛心，我决定把这些教训写出来，希望大家把时间和精力用在那些真正有价值，对你的目标有帮助的事情上，不要再重蹈我们的覆辙。

随大流

我的一名学员小葛是北京某大学工商管理系毕业的,他毕业后在北京的一家国企从事了 3 年行政工作。我们第一次见面时,我习惯性地问他:"为什么要转行做产品经理?"

小葛说:"我实在是不喜欢现在的工作,特别枯燥,整天无所事事,工资也低,我还年轻,不想做这种一眼可以看到底的工作。现在"互联网+"不是很火吗,我就想往这方面转。我既不会写代码,又不会做设计,也不认识做互联网的朋友,听说做产品经理门槛低,所以我就想试试。"

听完小葛的回答,我差点吐出一口老血来,原来在外行人眼里,只有什么都不会的人才去做产品经理呀。

我遇到像小葛这样的人不在少数,他们听说互联网行业薪酬高就想转行。自己不会写代码,当不了程序员,又没学过设计,做不了交互设计师,所以只剩下当产品经理这一条路了。

小葛是我的学员，我很感谢他跟我说实话。同时，我也告诉他，如果他去面试时这样回答问题，肯定通不过面试。

现在国家在大力发展"互联网+"，大家觉得这个行业前景好，想转行，这没有错，但是产品经理绝不是每个人都可以做的，更不是每个人都可以做好的。因此，在决定转行之前，你应该了解这个职业的特点：

1. 产品经理是做什么的？日常工作流程和工作内容是什么？

2. 做产品经理需要具备什么样的能力和素质，未来的发展前景是什么样的？

还要考虑你的工作喜好：

1. 我的兴趣爱好、特长是什么？

2. 我想要什么样的工作？喜欢做什么样的事情？

先从这两方面做分析对比，看看你与产品经理这个职业的匹配度有多高，再做决定。经过充分的了解和考虑后，转行的脚步才会更加坚定，才更容易转行成功。千万不要随大流，看到大家都往这个行业里转，你也心痒痒。换工作是件大事，何况隔行如隔山，万一选错了，付出的代价就太大了。

无休止地看网上的文章

我自己转行做产品经理时,因为学习途径少,所在喜欢成天泡在网上看有关产品经理的文章。

我记得那段时间,每天晚上上床后,我还会打开知乎搜索"如何转行做产品经理"。

每看一个回答,我心里就想:"哦,原来产品经理要这么做啊,明天试试。"

接着往下看,又看到一个回答,我又想:"这个方法很妙啊,收藏一下。"

就这样无休止地看下去……

我那时每天都在看文章,虽然知道了许多产品经理要具备的技能,可是真要动手实践时,还是不知道该从哪里下手。我又不敢让自己闲着,所以就陷入了无休止地看文章的怪圈。好像这样做可以安慰自己,至少我还在忙碌地学习有关产品经理的知识。

其实这样做是不对的，要知道知乎上有关产品经理的问题和回答数以万计，人人都是产品经理（woshipm.com）和 pmcaff.com 上，每天都会更新数十篇这方面的文章，这还不算各种有关产品经理内容的微信公众号、微信群、QQ 群里分享的文章。如果你打算这样看下去，永远都看不完。

我做产品经理以后才发现自己当初看了许多没用的东西，受了误导。这是一个自媒体时代，人人都可以写文章，而且大家都挖空心思追求标新立异，写得很吸引人。问题是这些文章并不一定适合初学者学习，而且别人的经验和方法也不一定适合你。

我现在给学员的建议：零散的网络文章要少看，或者干脆不看，找到系统化的学习方法，循序渐进，有针对性地投入时间来动手做一些产品经理应该做的事情，这才是正确的转行之路。

一本接一本地看产品书

学员小婷做咨询工作有两年了。她在美国读完书，在那边的一家咨询公司工作了一年，回国后继续做咨询工作。最近她越来越看不惯国内咨询行业的一些做法，打算转行。她在工作中接触互联网行业的客户很多，觉得他们都很年轻，有活力，而且修养都很好，所以有了进互联网行业的念头。

朋友们都建议她转行做产品经理，于是她就开始上网自学，为转行做准备。她在网上学了一个多月，感觉网上的知识点都很零散，正巧看到一篇叫"产品经理必读的10本书"的文章，就把这10本书都买了。她硬着头皮看了一些，还是看不懂，感觉非常吃力，不知道下一步该怎么办，所以来找我。

这份书单上的书我都不陌生，而且小婷也不是第一个带着这个问题来找我的学员。市面上能看到的有关产品经理的书，大多是写给已经有工作经验的产品经理看的。如果你已经走上了产品经理的工作岗位，想继续提升下自己，看这些书是很合适的。但是对那些想转行做产品经理的新手来说，这些书很可能就像天书一般。

我对小婷说："你目前看这些书还早了点。产品经理的工作有一定的门槛，你还没有入门，现在看这些介绍专业技能、方法和理论的书是不太容易理解的。"

小婷说："原来如此，谢谢三科老师。我看这些书的时候都有点怀疑自己的智商了，心想自己也许真的不适合做产品经理。那我应该怎么办呢？"

我说："你现在的目的很明确，先要找到一份产品经理的工作。刚入职的新人都是从基层做起，按部就班地完成领导分配的任务，所以你不需要看太多介绍理论知识的书，只要掌握产品经理最基本的工作技能就好了。等你工作稳定了，有了一些工作经验后再去看那些书不迟。"

我很少向自己的学员推荐一些产品经理方面的书，因为我还没有发现市面上有哪本书适合转行的新手读。正因为如此，我决定就以找到第一份产品经理的工作为目标，写一本新手都能看懂的，帮助想转行的朋友少走弯路的书。

如果你有朋友想转行做产品经理，但是苦于找不到适合新手学习的资料，不妨让他试着读一读我这本《快速转行做产品经理》。

相信碎片化的知识点

学员阿强是一家身体塑形公司的运营总监。第一次听阿强解释他们公司的业务时，我愣是没搞明白他是做什么的。最后他给我举了一个例子：如果一个人走路老是微驼着背，他们公司可以通过科学的方法帮他给矫正过来，按照矫正的课时进行收费。我这才大概明白了他是做什么工作的。

我很好奇阿强为什么要转行做产品经理，他告诉我公司主要是依靠网络上的一个大 V 导流量，对方利用互联网做运营要比他们做传统的线下活动效果好很多，成本也低。

知道这件事后，他就慢慢地喜欢上了互联网行业，想转行。他打听到在互联网行业里，产品经理是比较重要的角色，他就在网上收集讲产品经理的文章，一点一点地自学。他来见我之前，已经知道竞品分析有哪几种写法、做原型用哪些工具、产品需求文档的写法等，准备得相当充分。

我问他："你今天想了解什么呢？"

阿强说:"我看了许多网络上的文章,发现大家的方法很不一样。同样是做竞品分析,有的人说应该这样做,有的人说应该那样做。我看的文章越多,心里越没底,越不知道该怎么做了。"

这个问题不光只有阿强遇到,其他学员也遇到过。网络上的文章讲的都是孤立的知识点,而且每个人写的都是自己公司的工作方法和习惯,其他公司的做法也许完全不一样。就拿我们公司来说,我们写竞品分析跟大家在网络上看到的竞品分析模板就很不一样,我们很少写竞品的基本信息,就是写了大家也没有工夫看。不同环境下的产品经理针对同一个任务写出来的东西都可能不太一样,所以新手看得越多,越不知所措。

其实阿强通过自学已经基本掌握了初级产品经理应该具备的工作技能,他需要做的是停止搜集零散的知识点,把自己学习的东西梳理一遍,然后按照我在这本书里给出的建议开始找工作。

问别人自己适不适合做产品经理

在"在行"上约见我的学员,10个里面至少有4个人会问我:"三科老师,您觉得我适合做产品经理吗?"

每次遇到这样的问题,我都不知道该如何回答。仅仅通过一个多小时的聊天接触,我怎么能对一个人下定论呢?

我反问道:"你为什么要问我这个问题呢?"

他们的回答几乎如出一辙:身边没有做产品经理的朋友,找不到人出主意,所以见到了我这个"老司机",就迫不及待地想知道自己是不是做产品经理的料。

我知道他们之所以问这个问题是因为不自信。有些人可能在转行的路上遇到了挫折,遭到了拒绝,有些沮丧;有些人可能对产品经理要掌握的工作技能望而生畏,对自己能否成功转行做产品经理产生了怀疑。

这些挫折我也经历过,我知道转行之路有多么艰辛。我自己在转行的五个多月里，好几次差一点就放弃了。那时，别人（尤其是资深产品经理）的鼓励对我来说非常重要。

所以刚开始遇到这类问题时，我都会尽量鼓励学员，告诉他我觉得他适合做产品经理，因为他有某方面的优点，这种优点正好是产品经理需要的。

后来，我换了一种更务实的办法。我会告诉对方按照我讲的方法，先写一些竞品分析发给我看看，再把简历做一些优化，尝试新的投递简历的方式。这样坚持两周，对方基本上就能自己找到问题的答案了。

我相信，没有人有资格去否定一个努力想改变命运的人，除非你自己放弃。

我建议每一个想转行的人，不要轻易去问别人你适不适合做产品经理。就算问了，也不要因为对方的消极判断而轻易放弃。你只是还没有找到合适的方法，千万不要气馁。

冒牌的培训老师

有一位叫晓林的学员在约我见面之前给我写了一封邮件，讲述她的遭遇。

我 28 岁，江西南昌人，中专毕业，后来通过函授读了个大专，现在还在自考本科。我之前一直做的是蓝领工作，2015 年来到北京……

后来我在一家小 IT 培训公司上班，做宣传和编辑方面的工作。今年公司经营情况不好（面临倒闭），我打算重新找工作。我在之前的工作中没学到什么实用的技能，所以重新找工作的时候感到很迷茫。我有一些朋友是做软件开发的，他们说我性格比较外向，善于沟通，建议我去做产品经理，薪资待遇也不比做软件开发的差。

我就自己在网上找了一些学习视频，看了之后感觉没什么用。我又在知乎上搜索有关产品经理培训的问题，看到有人推荐一家培训机构，说这家口碑还不错，老师比较专业，都是 58

同城、去哪儿、国美在线等公司的产品经理。培训周期一个半月，学费一万三。还说很多人参加培训后都找到了满意的工作，薪水也很高……后来我才知道这都是培训机构让学生写的广告。

我心想花点钱去培训没关系，毕竟找了好工作这个钱很快能赚回来，所以就辞了职去参加培训。8月底开课，10月初结业。培训的内容是学习产品经理的工作内容和职责，了解工作流程，学习使用软件工具（如Axure、Visio、XMind）。学习期间参加了两次所谓的项目实战，第一次是小组成员头脑风暴构思一款产品，第二次是模拟一款已有的产品。两个项目全都是照着已有产品画原型图。产品功能架构图、业务流程图都是等项目的前后台原型图画完后才补上去的。培训快结束的时候老师开始教我们包装简历，把这两个项目写进简历……

我发现老师并不是很专业，所以学到一半的时候开始心慌，怀疑学完后能不能找到工作，感觉压力好大……因为这件事，我的心态也出了一些问题，找工作时很害怕，出现了严重的拖延情况。我面试了二十多家公司，一直没找着工作……

看完晓林这封邮件，我心里很不好受。我搜到了这家培训机构的官网，看了看上面的那些"所谓"的名师，发现其中有一位老师的介绍里写着曾经在聚美优品工作。

我把这位老师的照片发给我以前在聚美优品的同事，他说从来没见过这个人。看来晓林的怀疑是有道理的，这位老师的履历有假的信息。因此，我也有理由担心这些老师教的产品经理知识是有问题的。

现在产品经理这个行业很火，很多人想转行做产品经理。为了赚钱，不少人就冒充产品经理给学生做培训，教一些错误的方法和知识，误导学生。除了晓林，还有好几位学员向我抱怨上了培训机构的当。

那怎么来鉴别这些培训机构的好坏呢？说实话，我没有什么太好的办法。我只能提醒大家注意，不要轻信培训机构的宣传。尽量找那些目前还在一线工作的产品经理参与的培训机构（可以通过知乎、微博搜索），每个班的人数不宜太多（如三五人的小课堂），最好可以为学员量身定制一套学习计划。满足这些条件的培训机构可能靠谱一些。

产品经理要懂技术

几乎每个想转行做产品经理的人都会问我:"我不懂技术,能做产品经理吗?"

我会告诉他们:"不懂技术也能做产品经理。"

对方往往会接着说:"大家都说,虽然产品经理不用写代码,但做产品经理懂点技术会更好……"

这种疑虑每个人都会有,我自己也有过。现在我可以明确告诉大家,刚入行时,你不需要懂技术。我认识很多不是做技术出身的人,最后都转行做了产品经理。

我的观点是新手不懂技术没关系,因为你转行后做的通常是初级产品经理,你的工作内容主要是做用户调研和竞品分析、了解用户的需求和使用习惯、设计最简单的功能等。这些基础的工作并不需要你懂技术,只要掌握产品经理的基本工作技能就能胜任。不要被自己不懂技术吓倒。

等你工作了一段时间，发现不懂技术成为你工作的瓶颈后，再有针对性地学习相关知识，效率会更高。在实际工作中，你自然会听到别人讨论某些功能的技术实现问题。你可以记下听不懂的地方，回去自己查资料学习，或者中午找技术部门的同事一起吃饭，向他们请教。只要你有心，用不了多久就能掌握常用的技术术语，了解基本的技术原理，从而更好地开展工作。

所以，一开始入行不懂技术也没关系。

会 Axure 就能当产品经理

第一次见到小凯时,他打开笔记本电脑向我展示了他用 Axure 做的产品原型。那是一个 App 注册模块的原型,做得相当漂亮。小凯是我遇到为数不多的,还没当上产品经理就能把原型做得如此漂亮的人。

我问小凯是怎么学 Axure 的。他说他决定做产品经理后,从网上了解到产品经理的看家本事是使用 Axure,就自己买了有关 Axure 的教材来学,还看了很多有关 Axure 的视频,已经花了很长时间学 Axure。

我又问他打算学到什么程度。

他说:"我看到网上有人用 Axure 做了一个坦克打飞机的动态原型,我也想做一个类似的原型。我打算拿着这个原型去面试,肯定能给面试官一个好印象。"

我很佩服小凯的这种钻研精神,但我必须要给他泼点冷水。

我知道有不少人像小凯一样认为做产品经理先要精通 Axure，但是仅仅会用 Axure 是远远不够的，你要学的工作技能和工作方法还有很多，比如做竞品分析、需求调研、用户访谈等，这些都比掌握 Axure 重要。

Axure 只是一个制作产品原型的工具，而且不是唯一的工具。能精通使用当然好，但不要把时间和精力都花在这上面。

学 Axure 入门很容易，但是要用它做坦克打飞机的动态原型，恐怕要花费大量的时间。新人在转行的过程中，只要掌握 Axure 的基本用法就行，日后工作有需要时可以再进一步深入学习。

如果你想尽快找到一份产品经理的工作，应该先掌握我在第二章提出的最少必要知识，千万不要把宝都押在 Axure 上。

必须掌握所有技能才能找到工作

如果你曾经在网上搜索产品经理要掌握的知识和技能，一定看到过各式各样的产品经理技能图谱。这类图谱在我六年前转行时网上就有很多，现在更多。

这类产品经理技能图谱有一个共同的特点：大而全，几乎涵盖了产品经理工作中涉及的所有方面，包括各种工具（如Axure、Visio、MindManager、Word、Excel、PPT、甘特图、泳道图等），以及理论知识（如市场营销、心理学、运营、美学等）。

我曾经把几张不同的产品经理技能图谱放到一起做比较，想做一张自己理解的产品经理技能图谱，最后却没做出来。因为不同阶段的产品经理对技能的需求是不同的，无法用一张图来表示。大家看到的这些产品经理技能图谱，都是尽可能多地把知识和技能放进去。甚至有一些技能图谱为了追求大而全，把一些已经过时的东西放进去，岂不知很多工具在日新月异的移动互联网时代早已不适用了。

这种大而全的技能图谱其实不是产品经理技能图谱，而是产品总监技能图谱。对于转行的新人来说，按照这种图谱学习很不合适。

初学者不必迷信这种技能图谱，也不要被它们吓着。有很多知识、工具、技能不是你现在必须掌握的，完全可以在工作一段时间后再一点点地学习。

目前的重点是掌握找工作必需的最少必要知识。不要像我当初那样什么都想学，白白浪费了时间和精力。

做产品经理改变世界

学员小蕾给我的第一印象像男生,留短发,高高瘦瘦,说话声音特别洪亮,而且语速很快。

我问她:"你为什么想转行做产品经理呢?"

她就像放连珠炮一样讲了起来:"我毕业后在山东的快消行业做销售,就是卖洗发水、沐浴露、洗衣液之类的东西,整天跟门店店员打交道。主要工作任务是管理商场的导购员,跟商场搞好关系,抢资源之类的事情。我做了三年有些腻了。我感觉我在这个行业里没有什么核心竞争力,别人给你资源,你就有业绩,别人不给你资源,你就很难做出好业绩。我觉得自己还年轻,想再闯闯。我听说互联网产品经理是个很有意思的岗位,可以做许多有意思的事情。我这人想法多,以前我给公司的产品部门提建议,基本都没有回应,他们都不怎么当回事。如果我能做产品经理,就可以自己决定产品的发展,让很多人来使用,这样我就能改变世界了……"

小蕾一定是一位出色的销售，她丝毫没有停下来的意思，我觉得有必要打断她。

我对她说："有理想很好，但是目前你应该先脚踏实地为转行做准备。咱们先从最基本的技能学起……"

小蕾不是第一个想改变世界的人，我遇到过不少这样的年轻人。我也知道业界有些知名的产品经理会给这样的年轻人泼冷水：别老想着改变世界，先改变自己。

每次遇到这种"想通过做产品经理来改变世界"的学员，我都会鼓励他们，给他们加油。同时我会告诉他们脚踏实地的重要性，告诉他们如何才能找到一份工作。不要整天盯着那些大目标，先把基础的工作做好，逐步提高自己的能力，等以后有实力了再想如何改变世界。

产品经理门槛低,没有核心竞争力

学员阿勇拿到了京东的 offer,公司每年发 14 个月的薪水,月薪 14000 元。当他在微信上告诉我这个消息时,我真心替他高兴。用他的话说,他不过是上海一所不出名的二本大学的本科毕业生,学习成绩也很一般,能找到这份工作,完全是超出他的同学想象之外的事。

我还记得当初阿勇来找我的时候,说过自己的担心:"感觉谁都可以转行做产品经理,似乎产品经理的门槛特别低,产品经理什么都会一点,又什么都不精通,是不是没有核心竞争力?"

现在阿勇应该不会再有这样的担心了,哪家公司会给没有核心竞争力的岗位开出这样的薪酬呢?

不过阿勇当初的担心也不是没有道理,目前许多公司都在招聘产品经理,人才市场上产品经理供不应求。因此,现阶段入职的门槛确实不算特别高,如果你想转行做产品经理,一定要抓住现在这个机会。当然，即便如此，仍然有很多新人因为方法不对而找不到工作。

至于产品经理有没有核心竞争力，我可以明确告诉大家：是有的。随着产品经理工作时间和工作经验的增加，核心竞争力也在变化，而且越往后，别人取代你的可能性就越小。我自己对产品经理的核心竞争力是这样理解的：

工作一两年，懂技术，会做漂亮的产品原型，需求文档写得好是核心竞争力；

工作三四年，项目管理做得好，能带领同事成长是核心竞争力；

工作五六年，你对需求的理解，你的判断力，以及对技术、设计、商业、营销的全盘把握是核心竞争力。

如果你能在工作中坚持学习和磨炼自己，按照李开复老师的说法，产品经理是最有可能成为 CEO 的人选。

闭门造车

在我众多学员里,小苗的条件算是比较好的。他之前是做互联网运营的,对电商运营和线上活动的策划都很熟悉,他应该对产品经理的工作并不陌生。他也很努力,自学了很多在线课程,而且可以画出非常漂亮的产品原型。按理说,他是比较容易转行的,但他在很长一段时间里毫无进展。

我和小苗交流后发现,他花了很多时间自学,想通过这种自学成为最优秀的、可以独当一面的产品经理。比如他每天下班后都会自学 Axure,想画出一鸣惊人的产品原型来。问题是他很少与外界尤其是产品圈的人交流,一直闭门造车。他很努力,每天都在坚持学习,但这就像是一种恶性循环,越学越多,却离从业的实际要求越来越远。

我给他的建议是坚持学习很有必要,同时也要多出去走走,多跟产品经理和 HR 交流,了解用人单位需要什么样的人才,获取最真实、最有价值的用人信息,而不是一味地埋头学习。我认为小苗只要把他的工作经历和自学成果写进简历里，是很容易找到产品经理的工作的。

  我遇到像小苗这样的学员也不少，这些学员有着相当不错的基础，可他们总想着等自己修炼成"武林高手"后再去找工作，结果迟迟迈不出第一步，白白错过了许多机会。希望大家在转行路上不要再靠自己单打独斗了，至少要找一两位在职的产品经理聊一聊，看看自己还有哪些不足，需要在哪些方面继续努力，那样做会少走许多弯路。

固守老习惯

学员晓静是武汉大学化学专业的研究生,她毕业前到国内最大的互联网公司的商务部门实习,因为实习很顺利,毕业后她放弃了自己的专业,留在这家公司工作,这一干就是四年。公司产品部门的主管经常和她搭档出去谈合作,对方觉得她工作努力、负责,就问她愿不愿意做产品经理。晓静考虑了一段时间后,答应了转岗。

晓静说自己转岗做产品经理后很不适应,不知道该怎么办。以前做商务时,因为公司是甲方,名气又大,自己谈合作很容易,工作很轻松,谈好条件后,接下来就交给产品部门和技术部门实现。那时晓静晚上几乎不加班,顶多是参加一些应酬,维护客户关系。可是转行做产品经理后,她发现自己要做许多琐碎的工作,还经常加班,一时竟适应不了。

我告诉她,不只是像她这样以前做商务工作的人会遇到这样的问题,做销售、咨询等工作的人转行做产品经理后,也会遇到类似的问题。产品经理的工作流程和他们之前的工作流程很不一样。以前做销售只需要谈好合作条件，负责签单收款，余下的工作交给其他部门的同事对接就可以了。但产品经理不一样，从前期的用户需求挖掘，到项目推进，再到上线收集用户意见反馈，甚至运营推广都需要产品经理参与。如果事先没有思想准备，你会发现自己要学很多的新东西。因此，转行做产品经理首先要做好心理上的准备，转换工作的思维方式。

同样，对想做产品经理的大学生来说，你们需要改变在学校时老师教什么知识，自己就学习什么知识的习惯，开始积极主动的探索和掌握产品经理知识。

当你决定做产品经理之后，首先要做的事情就是**从思想观念上摒弃原有的一些工作习惯、学习习惯，努力适应产品经理的工作模式。**

放弃过去的积累

学员小武是 90 后，看上去却特别成熟稳重。这大概跟他从事的猎头工作有关，每天都跟不同的人打交道，他学会了很好地拿捏与人相处的分寸。

在咖啡厅见面后，小武开门见山地问我："我已经做了两年的猎头，如果转行做产品经理，以前的工作经验还用得上吗？"

看得出来小武是个聪明人，他虽然想转行做产品经理，但是不愿意轻易放弃以往的工作经验。但是在我遇到的学员里，像小武这样的人并不多，多数人转行做产品经理都是为了逃避原来的工作和行业。

很多人在转行找工作的时候，都不愿意提到自己以前的工作。他们投出去的简历也没有针对性，就是广撒网，不管行不行，先投出去再说。这样做其实效率很低，好像投了很多次简历出去，做了很多事情，但总是没结果。

在帮助众多学员成功转行做上产品经理后，我发现了一个规律：在你原来的行业里寻找产品经理的工作机会，成功率是最高的。

现在越来越多的传统行业开始与互联网结合，你原来的行业很可能正处在这种转型过程中，这里面其实有很多的机会。你不妨试着站在招聘者的角度想一想，同样是转行应聘产品经理的人，一个是之前在这个行业工作过的人，一个是没有一点儿行业经验的人，你会优先选择哪个？你更愿意跟哪个人聊一聊？

我前面讲过产品经理的能力有两条线：一条是业务线，一条是技术线。技术是比较容易掌握的，而且懂技术不属于产品经理的核心竞争力。产品经理对于行业和业务的了解才是他真正的核心竞争力所在。因此，对转行做产品经理的人来说，原来的行业经验是宝贵的财富，一定要善于利用。

我给小武的建议：充分利用在猎头行业工作两年的经验，优先考虑各大猎头公司的产品经理岗位，有针对性地投递简历。没多久，小武就在一家互联网招聘公司找到了产品经理的工作。

同样，我也建议大家转行时千万不要轻易放弃过去积累的工作经验。不管你以前是做老师还是做销售，是做咨询还是送外卖，都应该优先在自己的行业内寻找产品经理的工作机会。

假想需求

我知道现在有些培训机构会刻意安排学员去做一些产品练习，而不管学员自己是否感兴趣。我觉得这种做法是值得商榷的。

培养产品经理，应该持续激发学员对产品的兴趣，让他们觉得确实有意思，这样他们才有动力坚持学习下去。如果我们一味地拿学员不感兴趣的项目让他们做练习，由于他们无法感受到用户的迫切需求，也就体会不到解决问题的喜悦，学习起来就会觉得枯燥。

如果让一个不喜欢篮球的女生去做一款给篮球发烧友用的App，不管她怎么跟用户聊天，挖掘他们的需求，她都很难在短时间内体会篮球发烧友的感受，也就很难做出好的产品。除非你自己是用户，否则你很难理解用户的感受。

我每次跟学员见面都会跟对方聊他的兴趣爱好，聊他经常使用的产品。一方面是因为一个人在聊自己兴趣爱好的时候比较放松，容易打开话匣子；另一方面是因为每个人在自己的兴趣爱好上所投入的时间和精力比较多，自然会发现一些别人看不到的问题。从这个意义上说，每个人都是自己兴趣爱好的超级用户（往往比普通用户有更迫切的需求）。

以我的学员晓雅为例，她是淘宝购物达人，经常在淘宝上买东西，对淘宝的购物流程很熟悉，因为觉得朋友间分享商品不方便，所以特别想要一个"分享购物车清单"的功能。从这个需求出发，我带着她把产品流程完整地走了一遍。因为这是她的迫切需求，所以她的学习主动性非常强，每一步的效果都很好。

因此，我建议新手尽量挑那些自己感兴趣的项目来练习，不要轻易相信一些假想的需求，这样才不会觉得枯燥和乏味。

格式化的竞品分析

前几天，公司技术部门的同事 A 发给我一篇他写的竞品分析，让我帮忙提点意见。这篇竞品分析的格式非常工整，可是我仔细读完后，发现内容比较空洞。

我就问 A："为什么要写这篇竞品分析？"

A 答："我想转行做产品经理。"

我："这篇竞品分析格式很工整，是有人指导你写的吗？"

A："我参加了网上一个培训活动，交 200 块钱，按照主办方提供的模板写竞品分析，如果每周写三篇交上去，主办方会退 50 块钱，活动为期四周，写满四周的话，就可以把 200 块钱都拿回来。"

我："你感觉怎么样？"

A："我白天要工作，只能晚上回去查资料写，时间特别赶，虽然写完了，但是不深入，感觉就是为了写而写。"

在我看来，同事 A 花了不少时间，却只做了搬运工的工作，从各处找来资料，整整齐齐地堆放在一起，而本该重点写的使用感受和产品功能对比却简单带过。

这个活动的初衷很好，主办方希望用这种方式鼓励大家坚持写竞品分析，但是时间太紧，导致 A 只是机械地完成了任务，写出来的东西流于形式。

做竞品分析练习的目的是通过对比丰富自己的视野，拓宽自己的思路，为以后设计产品打基础。一篇好的竞品分析，应该让别人觉得有价值，别人才愿意看。

如果你真心想转行做产品经理，应该主动地学习产品经理知识，而不是为了拿回那原本属于自己的 50 块钱就每周写三篇竞品分析。简单地重复做一件事不但无法提高一个人的产品思维能力，反而会损害这种能力。

好的训练应该是启发式的练习，通过这种练习能够给自己带来一些启发，修正或提高自己的认识。希望大家不要再写那种空洞的、格式化的竞品分析了。

毫无准备地投简历

学员琳琳做了两年咨询工作后,想转行做产品经理。

她一见我就提出了自己的疑惑:"三科老师,为什么我投了许多的简历出去,却没有回音呢?"

我问她:"你是怎么投递简历的?"

琳琳:"看到条件不错的公司,我都会直接投简历过去,广撒网。"

我:"你的简历是怎么写的?"

琳琳:"简历都是一样的,把我的工作经历,主要是做咨询的经历如实写上去。"

我:"下次再投简历,你应该改变一下策略。"

琳琳:"要怎么做呢?"

我:"找工作就像找男女朋友一样,你想想,如果我在大街上看到一个喜欢的女孩子，能直接上去问对方愿意做我女朋友吗？是不是应该先做一些了解和准备才行呀？"

琳琳："明白了，三科老师，这个例子举的很恰当啊。"

我："投简历前，先要了解公司的信息和需求，有针对性地调整简历，最好附上相关的竞品分析，这样才能增加命中率。如果你的简历还停留在介绍你在咨询行业的工作，一点做产品经理的优势都没有，怎么可能通过筛选呢？"

琳琳："好的，三科老师，看来我要改变一下策略了。"

建议大家找工作时不要像琳琳这样盲目地投简历，而要想办法提高命中率。投简历之前，首先思考自己有哪些优势是这家公司需要的，针对公司业务和招聘要求修改简历；其次，可以使用一下该公司的产品，看看还有哪些地方可以完善，附上一份竞品分析将会大大提高简历的命中率。

如果有机会参加面试，熟悉对方的产品也会让面试官觉得你很重视这次面试，是有备而来。这样更容易获得面试官的好感。

总之，毫无准备地广投简历是不可取的。

轻易放弃

我的一位同事告诉我,他有一个做 iOS 开发的朋友想转行做产品经理,可是投了两百多次简历,只接到几个询问电话,一次面试机会都没有。这位朋友觉得转行做产品经理太难了,最后放弃了转行的念头,继续做 iOS 开发。

听我这位同事聊完,我挺替他这位朋友惋惜的。虽然做 iOS 开发也挺好,但毕竟他的这个愿望没能实现。

如果我是这位做 iOS 开发的朋友,投了一批简历没效果后,我就会停下来想想办法。遇到问题,我们可以想想怎么来解决,而不是继续蛮干。如果投了这么多次简历都没什么效果,就应该想想原因出在哪里,比如:

是不是简历写得不够好?

是不是投递简历没有针对性?

是不是没有突出自身的优势?

是不是可以再做一些准备和练习，丰富简历后再投递？

……

除了自己分析原因，还可以咨询有经验的人。就算身边没有产品经理，还可以上网发帖问问原因。办法总比问题多，先找到问题，然后调整策略继续尝试，不要一条道走到黑，最后只能放弃。

被拒绝是转行路上的常态，关键是要从失败中反思，看能不能学到新东西，为下一次投简历做准备。

希望每一位想转行的朋友都能冷静地看待被拒绝这件事，不轻易放弃。只要你不断调整、尝试，机会总会来的。

包装简历（做假）

有些学员（尤其是那些参加过培训机构培训的学员）问我怎么看"包装简历"这件事。起先我不太明白什么是"包装简历"，以为是把做过的事情夸大。

后来他们告诉我"包装简历"是假装自己曾经在某某公司做过产品经理，有实际工作经验。有些培训机构会找一个不太出名的 App，给学员详细讲解这个 App 的阶段性工作和数据指标，然后教你把这些东西编进简历里，冒充做过产品经理。

第一次听到这件事时，我就毫不客气的对我的学员说，这样做是不对的。首先，走这种捷径会让你形成侥幸心理，现在占小便宜，日后肯定会吃大亏，所谓"出来混，迟早要还的"；其次，这样做是很难骗过面试官的，就算你侥幸骗过了面试官，还有试用期，迟早会被人发现，多尴尬呀！

我以前在阿里巴巴工作，公司每个季度都会对员工进行一次价值观考察。其中有一条就是讲诚信。诚信也是我做人的准则，不管在任何时候，都不能做假。

其实，不管是自己业余尝试做的项目，还是培训时做的练习项目，都可以大大方方地写到简历里，只要你尝试做过与产品经理有关的工作，有一些心得，大部分面试官还是愿意跟你聊聊的，没有必要造假。实话实说，你面试时底气也足一些。

做假被人发现的话，会成为你人生的一个污点。不做假，更加努力地做准备，不断积累知识，提升自己的能力，这才是正确的方向。

迷恋高工资

我知道不少人想转行做产品经理是冲着高工资去的,这本无可厚非,但是不能眼高手低。拿到高工资需要一步一步地积累,想一步到位是不可能的。

刚开始找工作时,不要老想着月薪一两万。新手转行都是从产品助理、初级产品经理做起,起薪不会太高。这个时候应该先找到工作机会,让自己有机会学习和积累。那些高工资现在还不是你的,那是给有实战经验的产品经理的。

对刚转行的新人来说,找到一个锻炼的机会,找到一个有能力指导你的上司才是最重要的事情。高薪的事咱们可以暂时放一放,只要你勤奋研钻,高薪迟早是你的。

有人要我，我就去

我常听到一些转行不顺利的学员说："现在只要有公司要我，我二话不说，立马就去"。

如果有不靠谱的公司要他们做产品经理的话，没准他们真的会去。但是遇到这种随便招人的公司应该格外小心。

为什么这么说呢？我有一个学员去了一家创业公司，成为了公司里唯一的产品经理，结果只干了两个月就辞职了。为什么呢？因为公司里没有人指导他，做什么都得靠他自己摸索，这太难了。

我知道好几个类似这样的情况，这些人都是工作不出两个月就辞职了。

你进了这类公司，是当上产品经理了，但是接下来的工作怎么做，怎么跟技术部门合作，怎么跟设计师合作，怎么制定产品规范，每个阶段的成果是什么，都没有章法，你会感到有无尽的阻力。

这类公司的老板有可能来自传统行业，不懂互联网产品，瞎指挥，完全让你按照他的想法来做。进这种公司几乎学不到有价值的东西，只会白白浪费时间。

我不是说产品经理不能去创业公司工作。如果你是有工作经验的产品经理，当然可以去创业公司闯一闯。可如果你是刚转行的新手，那最好还是去大一点的公司工作比较靠谱。

建议大家转行时不要去那种没有产品经理的公司，至少要有一位有经验的产品经理指导你才行。

附录
竞品分析示例

目录：

1. 项目背景

2. 竞品概述

3. 功能对比

    3.1 购物车主界面

    3.2 选择/勾选功能

    3.3 分享功能

    3.4 分享方式

3.5 好友收到分享信息

   3.6 打开分享信息

  4. 总结

1.项目背景

在进行用户访谈的过程中，有多位受访者表示在双十一购物节期间，未能获取好友挑选的所有宝贝清单，因而感到遗憾，希望淘宝购物车能够增加把购物车商品选中分享（分享购物车清单）的功能，基于此展开竞品分析。

2.竞品概述

在竞品选择上，我们选择天猫 App 和京东 App 作为竞品。天猫 App 和京东 App 在商品的品类上都属于全品类，在用户人群定位上针对全部人群，产品的体量（下载量）与淘宝 App 最接近。所以选择这两者作为竞品。

3.功能对比

3.1 购物车主界面

淘宝 App 购物车主界面　　天猫 App 购物车主界面　　京东 App 购物车主界面

a. 淘宝 App 购物车主界面只有"管理"按钮，没有分享入口；

b. 天猫 App 购物车主界面在顶部标题栏上有明显的分享按钮；

c. 京东 App 购物车主界面在顶部标题栏上有一个"编辑"按钮，点击后可以在页面底部找到分享功能。

3.2 选择/勾选功能

淘宝 App 购物车管理页面　　天猫 App 购物车分享页面　　京东 App 购物车编辑页面

a. 点击淘宝 App 购物车主界面顶部的"管理"按钮后，仍然找不到分享入口；

b. 点击天猫 App 购物车主界面顶部的"分享"按钮后，可以选择具体商品，支持在购物车和收藏夹内进行选择；

c. 点击京东 App 购物车主界面顶部的"编辑"按钮,页面底部有一个"分享"按钮,这个功能隐藏得比较深。

3.3 分享功能

天猫 App 购物车分享页面　　　京东 App 购物车分享页面

a. 淘宝 App 无此功能;

b. 天猫 App 购物车的分享功能最丰富,除了主流的微信、朋友圈、QQ、微博外,还支持分享到钉钉、支付宝等多个渠道,同时还支持二维码分享和复制链接分享;

c. 京东 App 购物车的分享功能只支持主流的几个分享渠道，也支持复制链接分享。

3.4 分享方式

天猫 App 分享给微信好友　　京东 App 分享给微信好友

a. 淘宝 App 无此功能；

b. 天猫 App 可以分享给微信好友（由于微信屏蔽，只能通过复制口令分享）；

c. 京东 App 可以直接分享到微信，选中好友后，会弹出发送页面。

（还可以进一步把每个 App 的分享方式做截屏对比，指出差异。受图书篇幅所限，不再赘述。）

3.5 好友收到分享信息

天猫 App 发给微信好友的信息

京东 App 发给微信好友的信息

a. 淘宝 App 无此功能；

b. 从天猫 App 发给微信好友的信息，由于微信屏蔽，对方收到的是一串包含文字、表情和链接的文本信息，不方便查看；

　　c. 从京东 App 发给微信好友的信息是微信支持的标准分享格式，方便查看。

3.6 打开分享信息

复制口令打开天猫 App 后看到的页面

点击京东分享链接后看到的页面

　　a. 淘宝 App 无此功能；

　　b. 复制口令后打开天猫 App，可选择查看或关闭分享的商品清单；

c. 点击京东分享链接后，会显示商品清单，用户可以进行选择、购买等操作。

（以上只对比了天猫 App 和京东 App 通过微信分享购物车清单的功能，读者还可以把天猫 App 和京东 App 的其他分享通道逐一做对比和梳理，这样做能让你进一步理解产品背后的设计思路。由于本书篇幅所限，这里就不一一展开对比分析了。）

4.总结

通过对天猫 App 和京东 App 做竞品分析和梳理，我们有以下结论：

a. 天猫 App 的购物车分享功能比京东 App 的同功能设计周道，更方便用户分享。

b. 由于阿里和腾讯的竞争关系，由天猫 App 分享到微信、朋友圈的信息只能通过复制粘贴口令的方式进行，很不方便；

c. 天猫 App 和京东 App 都具备了分享购物车清单的功能，

淘宝 App 应该跟进；

　　d. 淘宝 App 的女性用户居多。女性用户之间又有很强的相互推荐的意识，分享购物车清单的功能应该也适用于淘宝 App；

　　e. 建议在淘宝 App 上，小范围试验分享购物车清单功能，建议先从淘宝好友之间的分享做起。